HOW TO BUILD

ホビージャパン

著：柿沼秀樹
Hideki KAKINUMA

ガンプラブームを担った雑誌ができるまで

ホビージャパン

目次

まえがき……4
（株）ホビージャパンの概要……6
第1章創業者　佐藤光市……9
人生を変えたホビーとの出会い／初の本格的ミニカー誌／独立を見据えて／ポストホビー第一号店開店／とにかく稀少だった舶来ミニカーとプラモデル
第2章ホビージャパン創刊……25
「ミニカー・コレクション・ファンの新雑誌」としてスタート／ミニカー誌からホビー誌への転機／ミニカーとプラモの市場占有率に変化あり／新しい試み
第3章70年代のホビージャパンを支えた人々……40
常連客からライターへ／表紙は本の顔／タミヤとの断絶／ホビージャパンはポストホビーに食べさせて貰っている？
第4章編集実務についてHOW TO BUILD HOBBYJAPAN……56
アナログ時代の編集作業／印刷工程
第5章70年代の景色　当時の編集部……81
目の前は〝傷天ビル〟／'80年、読者が送り手になる。／「ザク」ホビージャパンに載る！

第6章 変化するホビージャパン……95
川口名人登場／初めの一歩…SFの常設ページが固定された／'81年の『ホビージャパン』の動向／'81年の新卒採用／『スター・ウォーズ』には『スター・ウォーズ』専門のライターが必要／マニア系資料本など無い時代だが、いい加減なことは書けない／当時のスタッフたち／ようやく揃い始めるSF系ライター／'82年のホビージャパンの動向
第7章 気を使わざるを得なかった路線変更の時……127
愛読者からの厳しい意見／SF・アニメキャラの台頭は止められない？／キャラクター系プラモデルは組み立てる玩具
第8章 ホビージャパンの進路に影響を与えた3つのコンテンツ……138
第9章 「HOW TO BUILD GUNDAM」……141
ホビージャパン初の別冊／「HOW TO BUILD GUNDAM 2」／突然ハワイへ
第9章 新しいコンテンツ「SF3Dオリジナル」……153
社長の即断から生まれた新連載／スター・ウォーズも別冊になった。／突然のライバル誌『モデルグラフィックス』の登場
第10章 誰もいなくなった編集部で……166
第11章 最後に……170
あとがき……174
奥付……176
月刊ホビージャパン カバーギャラリー 1969-1984……65

まえがき

今回、ホビージャパンの50周年にあたり、多くの関係者やスタッフの方々にお話を聞いた。中でも長年ホビージャパンに関わって来た関係者の一人が、特に草創期を振り返り「当時のホビージャパンは行き当たりばったりだった」と語った。これは決して苦言ではない。少なくとも80年代前半まではそうだった。もっと節度ある表現はないものかと探したが見つからず、ここでは敢えてそのまま使わせて頂いた。だがその行き当たりばったりとも見える、ある種の柔軟さが、時代に合った誌面作りを可能にしてきたのは事実だ。

当初、編集会議など無く、編集長不在の時期すらあり、またスタッフが一斉に退社し、ある朝編集部に誰も居なくなっていた、というような事案を複数回繰り返しながらも、しかしホビージャパンは一度も途切れることなく、確実に実績を積み、そして成長して来た。

本書は本来、ご存命であれば（株）ポストホビー並びに（株）ホビージャパンを創業した佐藤光市・初代社長本人が、あるいは'72（昭和47）年の入社以来、現在もホビージャパンに籍を置く筑城理江子が書くべきだった。

しかしホビージャパン50周年に際し「その歴史を纏めた本が無いのは寂しい」と提案したところ、いわゆる言い出しっぺとして"代筆"させて頂く運びとなった。

'80（昭和55）年にホビージャパンの編集に携わり、'19（令和元）年現在も連載記事などを書かせて頂いている古参の関係者の一人として、多くのスタッフ、ライター諸氏の協力のもと、半世紀を遡り、特にその成り立ちを回想してみたい。

タイトルの『HOW TO BUILD ホビージャパン』は、80年代初頭に出版され数十万部のヒットとなり、本誌の流れを変えるに至った別冊『HOW TO BUILD

ＧＵＮＤＡＭ』に消っている。子どもたちも読むことを想定し、書名を「ガンダムの作り方」とすべきでは、と多方面から進言もあったが、どうしても「模型専門誌」としての威厳を保ちたかった私の独断での命名だった。今回、担当編集者の進言でそれを再利用する事となったのだ。

'69（昭和44）年9月、一冊の小さなミニカー専門誌が書店に並んだ。そしてその月刊誌は、時代の変遷と共に、模型専門誌となり、『スター・ウォーズ』や『機動戦士ガンダム』と言った稀代のヒット・コンテンツを取り上げ、更に『ＳＦ３Ｄオリジナル』という自身から新たなコンテンツを発信する試みを経て、現在の総合ホビー誌に変化して来た。

創業当時もそして現在も、東京都心の代々木の地に本社を置くホビージャパンの"創世記の小史である。

（株）ホビージャパンの概要

株式会社ホビージャパンは東京・渋谷区に本社を置くホビー関連の出版社である。ＪＲ新宿駅南口から４００メートルほどの地に、地上5階建ての自社社屋を有し、従業員は１６０名（'19年現在）だ。その事業内容はホビー専門誌・ライトノベル等の書籍の出版事業に始まり、キャラクター開発・版権事業、ホビー商品の企画・販売事業、各種ゲームの開発、国外のホビー商品、ゲームなどの輸入・販売事業などなど多岐にわたり、またポストホビーとして展開されていたホビー商品の小売事業もこれに加わった。掲載した事業の組織図に目を落としてみると、当節の拡張・繁栄ぶりには驚くばかりだ。

しかし私が編集部に籍を置いていた80年代初頭、その主業務は月刊誌ホビージャパンの編集が中心であり、創刊10周年を迎えた時点でも発行部数は理想には届かず、併設されていたホビー商品の販売を業務とする（株）ポストホビーと一部屋を共有していた。'80年春、編集スタッフは総勢5名でスタートしたが、お盆を迎える頃には3名となってしまった。そう、創刊10年目のホビージャパンには未来があるかどうかすら、定かではなかったのだ。編集部は現在までに、出発した代々木駅前のオフィスビルから二度の引っ越しを経ているが、所在地はいずれも渋谷区代々木近辺である。

出発の地、代々木

東京オリンピックを翌年に控えた'19年現在、代々木のシンボルは通称"ドコモタワー"こと、巨大なＮＴＴドコモ代々木ビルである。全高２４０メートルに迫り、東京で４番目の高さを誇る文字どおり〝天を突く〟摩天楼だ。ただ高いだけではなく、30年代様式のエンパイアステートビルを思わせるロマンティックな外観が特徴で、尖塔から更に空に向かって突き立つアンテナを擁するその姿は、大小のビル群ひしめく渋谷区界隈でも異彩を放ち、隣接する新宿、そしてオリンピック開催の地でもある千駄ヶ谷周辺からも見ることが出来る。

しかし遡ること50年前、国鉄（現ＪＲ）代々木駅周辺は、比較的小さな雑居ビルが乱立する雑然とした街だった。駅東側は明治通りを挟んで新宿御苑が広がり、また、西側は広大な森を有する神宮の森（明治神宮）に面しているため、商業地としては拡張するゆとりに欠ける。そして一日３００万人と言われる世界一の乗降客数を誇る巨大な新宿駅まで、わずか６００メートルほどしか離れていないという立地から、都心にありながらも代々木駅はいささか影が薄い。

代々木の象徴は、戦前であれば陸軍代々木練兵場、60年代ではその跡地に作られた'64（昭和39）年の東京オリンピックの選手村。そして70年代以降は〝代ゼミ〟の愛称で知られることとなる『代々木ゼミナール』だった。80年代になると『代々木アニメーション学院』が台頭し、新しい代々木のシンボルとなった。学生の多い町であり、当時も今も乗降客の多くは学生である若者たちだ。駅周辺には軽食店が軒を連ね、それらの看板が賑やかさを演出するのに一役買っている。

そんな代々木駅・西口改札を出るとすぐ目前に10階建ての大きなビルが目に入る。当時はまだ新築で、初めて来社する者には「代々木駅西口を出て目の前の一番大きなビルです」と伝えればそれでこと足りたほど、とにかく目立つ建物だった。この代々木駅前で一番大きなビルの一室に、ポストホビー、並びにホビージャパンが居を構えたのは、今を遡ること丁度半世紀の'69（昭和44）年のことであった。周りに高いビルが無かったため、６階の編集部からは、眼下に代々木駅が見て取れた。

●組織図（2019年現在）

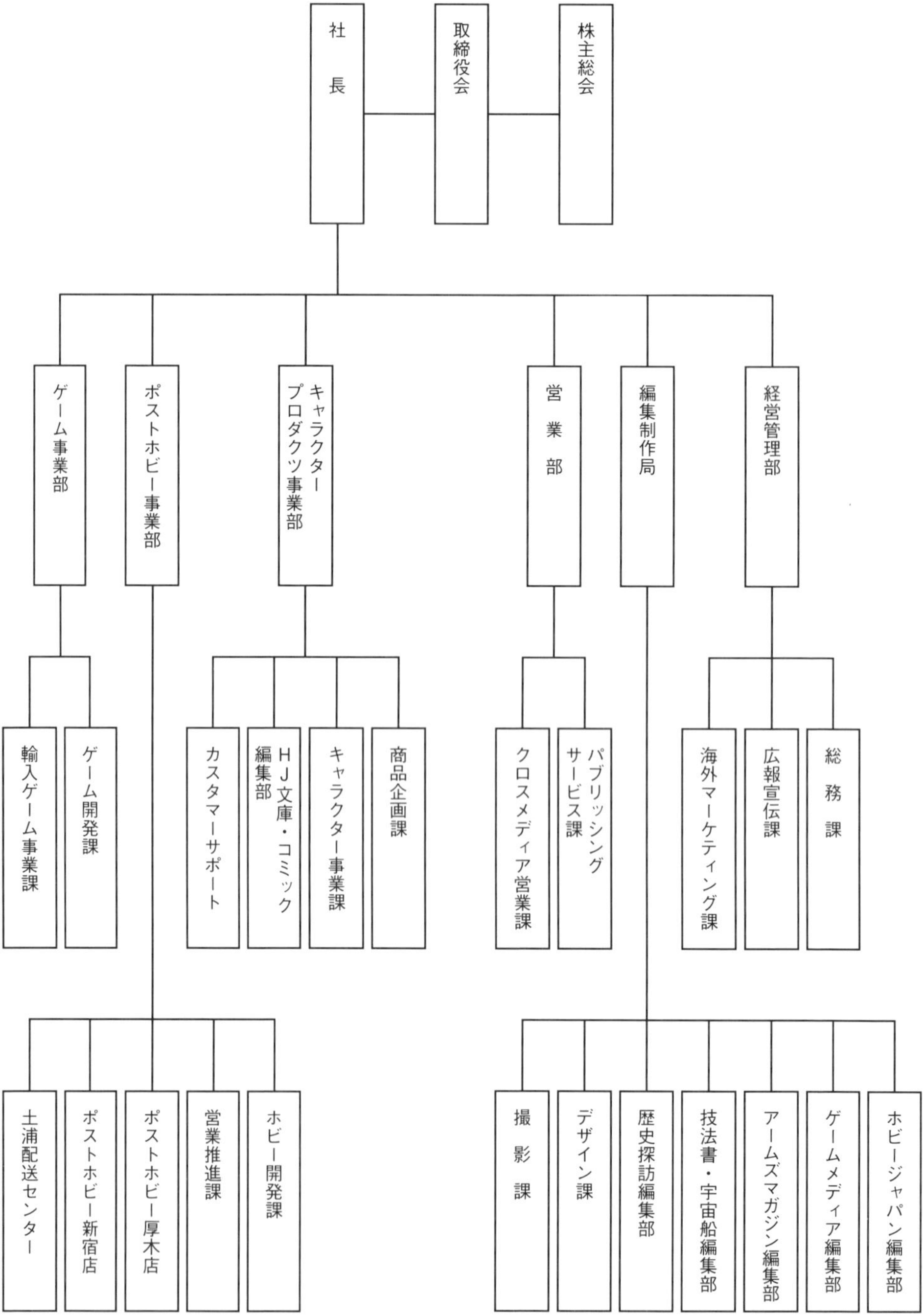
社長
取締役会
株主総会
ゲーム事業部
ポストホビー事業部
キャラクタープロダクツ事業部
営業部
編集制作局
経営管理部
輸入ゲーム事業課
ゲーム開発課
カスタマーサポート
HJ文庫・コミック編集部
キャラクター事業課
商品企画課
クロスメディア営業課
パブリッシングサービス課
海外マーケティング課
広報宣伝課
総務課
土浦配送センター
ポストホビー新宿店
ポストホビー厚木店
営業推進課
ホビー開発課
撮影課
デザイン課
歴史探訪編集部
技法書・宇宙船編集部
アームズマガジン編集部
ゲームメディア編集部
ホビージャパン編集部

●第1章　創業者　佐藤光市

（株）ポストホビー、並びに（株）ホビージャパンの創設者である佐藤光市は、'33（昭和8）年1月1日生まれで茨城県出身。早稲田大学第一文学部・史学科・東洋史を専修し、'56（昭和31）年3月15日に同科を卒業した。在学中から文章を書くことが好きでシナリオライターも目指していたという。

まさに高度経済成長期が始まったとされるのが'54（昭和29）年である。翌'55（昭和30）年の経済白書には、戦後の復興期を終え、次の段階として近代化による成長を迎えるとする、その時世を象徴した「もはや戦後ではない」と言うフレーズが表記され、日本人に希望を与えた。家電製品の個人消費が活発化し、モノが売れる時代だった。後に『岩戸景気』と呼ばれるようになるこの時代は景況感も良く、早稲田を卒業したばかりの青年としては、自身の将来に限りない大きな夢、希望を抱いていたに違いない。

卒業後、佐藤光市は同じ文学部の友人と共に日経新聞社を志望した。がしかし合格したのは友人だった。友人は本採用となり本社勤務となったが、佐藤は地方配属予定での仮採用に留まってしまった。だがある日、都内の産業会館で催されている英国からの輸入品展示会の取材を依頼される。出向くと、その展示会場の中で一際目を引く品目があった。それは当時まだ国産化されていなかった新しいホビー『ミニチュアカー』だった。

敗戦から11年、欧米から流入してくる多くのサブカルチャーの中に、日本ではまだ生産されていなかったプラスチック製の組み立てキット、いわゆる『プラモデル』と、そして子供の玩具としてではなく、コレクター向けのダイカスト製法（註1）による精密なミニチュア

註1
ダイカスト製法
Die Casting（ダイカスト）とは、溶融したアルミニウム、亜鉛などの金属を金型に圧力を加えて流し込むことで、精度の高い成型品を大量に生産する方式。鋳造方式の一種。ダイキャストとも言われる。60年代当時の舶来ミニカーは、一部部品として合成樹脂などを要する場合もあったが、ボディなどの主要なパーツはこの方式で作られていた。

カー、いわゆる『ミニカー』が有った。それらはそれまでに無い新しい趣味として、国内でも一部の人たちの注目を集め始めていた。

『ミニカー』及び『プラモデル』は双方とも俗称だが、後に一般化することになる新しいジャンルのホビーたちであり、それらは後のポストホビーやホビージャパンの商材の中心となるアイテムたちでもあった。

佐藤はここでアサヒ玩具（当時は株式会社旭玩具製作所）の岸俶浩社長と出会う。岸社長はこの新しい舶来の商材たちの中の、特に『ミニカー』の日本での普及を考えており、そのためのPR誌の必要も感じていた。そしてその人材として、文学部出の青年に目を止めたのだった。佐藤はミニカーのPR誌編纂のための要員としてアサヒ玩具に入社することとなる。

（株）アサヒ玩具は戦前の'31（昭和6）年に岸玩具として創業、'48（昭和23）年に（株）旭玩具製作所に、更に'63（昭和38）年に（株）アサヒ玩具に社名を改めている。玩具メーカーや玩具問屋が軒を連ねる東京は台東区浅草の地に本社を構え、自社生産のブリキ玩具などを販売する一方、欧米のミニカーや、プラモデルの輸入業務も始めていた。岸社長は、ヨーロッパ視察の際、特にミニカーが広く普及しているのを見て、商材としての有望性を感じ、世界ブランドであるイギリスのディンキー・トーイ（註1）やコーギー・トーイ（註2）のミニカーたちをはじめ、プラモのトップブランドと言われた米国モノグラム社（註3）やAMT社（註4）のキットの国内代理店となり、それらの普及を推し進めたのだ。

佐藤光市が早稲田を卒業した'56（昭和31）年の大卒の銀行員初任給が一万円程度であるから、手の平に乗る小さな輸入ミニカーが一台300円～500円と言うのは、非常に高価だったと言える。しかもそれらはコレクションを目的とするアイテムであるから、1台購入すれば完結するものではなく、10台20台と収集することを目的とするため、他の趣味と比しても決して安価な趣味とは言えなかった。当時は為替が固定相場制で1ドル＝360円で

註1
ディンキー・トーイ
1901年創業の玩具メーカー・メカノ（Meccano）のミニカーブランド。英国で創業したが後に工場をフランスに移転したため、当時のホビージャパンの広告にもDINKY／ENGLAND・FRANCEと書かれている。ご当地英国の『サンダーバード』『キャプテンスカーレット』などのマスコミキャラクターのビークルも生産しヒットを取る。60年代は国際貿易が代理店で国内百貨店に広く流通した。

註2
コーギー・トーイ
CORGI（コーギー）は'56年から展開した英国のミニカーブランド。60年代中期、アサヒ玩具が代理店となり、国内百貨店の玩具売り場に流通し親しまれた。小型犬コーギーをシンボルとしたロゴも当時の日本のそれらと比べて非常にハイセンスであり、60年代当時1台250円のシャシーが分解できるシリーズを展開していた。

註3
モノグラム社
米国を代表するプラモデル・

あった事も影響し、輸入ミニカーや輸入プラモデルは高額で、国内においては余裕のある大人の趣味として始まったのだった。ロードショー映画が100円、国鉄（現・JR）の初乗り運賃が10円の時代である。

しかし舶来品のミニカーは人気を呼ぶ。新聞への寄稿文の中で佐藤は「昭和30年代は食べるので精いっぱいだったが、次第に余裕が生じ始めると、ホビー商品を愛する潜在的な層に輸入ミニカーは大々的に歓迎された」としている。日本人が衣食足りて余暇を楽しむようになり"レジャー"という単語が流行語となったのが'59（昭和34）年のことである。

また、この年はテレビ先進国のアメリカのテレビドラマが放送を開始した年でもあった。中でも話題を集めたのは『スーパーマン』だ。特撮を使った飛行シーンや、壁をぶち破り、鉄骨をいとも簡単に捻じ曲げる超人が、正義のために戦うという単純なストーリーだったが、最高視聴率はなんと74.2%という驚愕的な人気を得た。日本人は総じて戦中の全体主義の中で国策以外の「娯楽」に興ずることを悪とした過去に決別し、「娯楽」を享受する自由を得て、特に欧米先進国からの「明朗快活」な文化を、もろ手を挙げて歓迎した時代になったのだ。

放送技術も未熟で、例えば『スーパーマン』では、放送中の番組にリアルタイムで大平透（註5）がアテレコすると言う、一言の間違いも許されなかった伝説の生放送アテレコであった。それでも視聴者の多くは、「アメリカ人が日本語をしゃべっていると思った」と言うから、実に素朴な時代でもあったのだ。

このようにミニカーやプラモデルだけではなく、庶民は欧米から次々と流入して来る娯楽、ホビーカルチャーにとにかく憧れたそんな時代だった。それまで模型と言えば木製模型、自動車玩具と言えばブリキ製だった当時、突如流入してきた「プラモデル」や「ミニカー」の大人の鑑賞にも耐える精度は衝撃的で、模型・玩具業界に関わる者たちにとって

メーカーの老舗。50年代に既に緻密なキットを作っており、発足したばかりの国内メーカーはこぞって同社のコピー商品を生産した。当時の輸入代理店であった朝日通商が広告展開時に使用した「ご機嫌最高モノグラム」のキャッチコピーは、マニアの間ではあまりにも有名。マスプロだが、ただ一人のベテランモデラーの認可が下りないと製品化しないというポリシーを持ってクオリティコントロールに勤めていたとされ、日本では最も崇拝された世界的プラモブランドだった。

註4
AMT社
60年代にアサヒ玩具が輸入代理店となって流通した米国を代表するプラモメーカーの一つ。当時はカーモデルが主体であり、マニア憧れの精密なキット群だった。しかし同時にテレビ版『スタートレック』のキットもシリーズ化して生産しており、80年代映画版シリーズも手掛ける。

註5
大平透
'29（昭和4）年生まれの日本を代表する声優。'55（昭和30）

も、文字どおりのカルチャーショックであったのだ。

50年代はまだ海外渡航は制限されており、渡航は政府関係者や企業業務、留学などだけに限られていた。庶民が自由に海外渡航できるようになったのは、'64（昭和39）年以降の事である。それ以前、敗戦国日本では、外貨が不足しており、外貨流出を防ぐ必要があったからだと言われている。しかし自由化された後でも、観光目的の渡航なら年に1回、外貨持ち出しの制限額は1人500ドルまで、という厳しい制限が設けられていたばかりではなく、監督官庁による面接、預貯金額の確認までがなされていたのだ。"外国"はそれほど遠かったのだ。

そんな時代、海外からミニカーやプラモデルといった最新のホビー商品を入荷販売するビジネスは先進的であり、それに興ずる者も目先の利く限られた"趣味人"であった。この感覚はホビージャパン創刊当初の60年代末でも変わることは無かった。舶来品は先進的で高品質で、故に高額であって当然だったのだ。

初の本格的ミニカー誌

アサヒ玩具は、欧米のミニカーの輸入業務だけに留まらず、他社に先駆けてミニカーの国産化にも乗り出した。'59（昭和34）年には、自社のミニカーブランドとして「モデルペット」シリーズと銘打った自社開発ミニカーの発売を開始する。これらは、欧米のミニカーに追随し、本格的なダイカスト製法による生産だった。そしてこれら国産ミニカーが発売された直後の'60（昭和35）年2月に、ミニカー専門誌『コレクター』が月刊誌として発行された。同書は"国内初のミニカー専門誌"と謳っており、編集・発行人はアサヒ玩具社長の岸俶浩、発行所はジャパン・ミニチュア・コレクター・クラブとなっていた。佐藤はこのPR

年、アニメ『まんが・スーパーマン』において日本テレビ史上初の吹き替え（放送と同時にアテレコする）を行った。スーパーヒーローから喪黒福造、ダースベイダーまで幅広く演じ、手塚治虫の実写特撮番組『マグマ大使』では、自身が演じないとアフレコで合わせられないとし、敵役のゴアの着ぐるみに自身で入り熱演したのは有名。

誌の担当をすることとなった。サイズは127ミリ×183ミリ、16ページで一部20円（後に増ページし30円〜150円となる）の小さな月刊誌だった。

インターネットもSNSも無い時代、新アイテム・ミニカーを広めるには、ミニカーの販売されている店頭にカタログ誌を置いて購買者たちにアピールすることが一番の良策だったのだ。この本はアサヒ玩具が輸入する舶来ミニカーのカタログとして、それらの精密さと、そしてアサヒ玩具がそれらの正規輸入販売元であることを強調し、『亜鉛軽合金製　英国直輸入100車種発売』などと告知し、同時に自社による国産ミニカーの製作、生産現場の様子なども紹介し、ミニカーの魅力をアピールした。

しかしこの小冊子は商品のPRだけには留まらず、ミニカーを大量に収集するマニアやコレクターの紹介や、英国ディンキー社の輸出部へのインタビュー、欧米市場のレポートなども行い、精力的にミニカーとその周辺をレポートする記事が掲載されており、今となっては当時のミニカー事情を知る貴重な資料となっている。

またこの小冊子は、巻を重ねるごとにその守備範囲を広げて行く。ミニカーだけではなく、アサヒ玩具が輸入品目として取り扱っていた輸入モデルガンや海外プラモデルの告知、またモデルカーレーシング（スロットレーシング）（註1）関連記事においては、レーシングカーが走行する際の「車体重量配分」の詳細な図解入り考察、そして巻末にマニア同士の交流や、コレクションを交換する「求む・譲る」欄などが設けられており、その内容は後のホビージャパン誌のまさに原型《アーキタイプ》となっていた。ライターの中には後にホビージャパン誌の執筆陣としても活躍する五十嵐平達氏の名前なども見ることができる。

また第100号は、通常の4倍の128ページの特別増ページ号で価格は150円となっていたが、この号には編集人・佐藤光市による「世界のミニカー発達史」が20ページにもわたって掲載されていた。

註1
モデルカーレーシング（スロットレーシング）
60年代、国内で社会現象にまでなった欧米発のレーンの上を高速で走らせて競う競技。そのモデルカーのこと。ミニカーがコレクション、観賞用なのに対しこちらは速度を競う。走行レーン（サーキット）が必要なため、スタータキットでも高額だった。またゲームセンター、ボウリング場などの娯楽施設にもサーキットが設置されたが、風紀上の懸念から子供の立ち入りが禁止されブーム終焉に繋がった。

のちに佐藤は新聞のインタビューにおいて、このカタログ誌で実践し学んだノウハウを生かし、新雑誌（ホビージャパン誌）を始めた、と語っている。この『コレクター』には、専用の特製バインダーが製作され、別売されていたが、これも後にホビージャパンが同様に、特製バインダーの別売を行った。

『コレクター』は'60（昭和35）年に刊行され'69（昭和44）年1月25日発売号でその役目を終えるが、同年9月、まさにその使命を受け継ぐがごとく、ミニカー情報を中心に据えた月刊誌『ホビージャパン』が誕生することとなるのだ。

当初、ホビー商品の小売店「ポストホビー」が取り扱う商材の大半がアサヒ玩具の輸入ミニカー、輸入プラモデルであったため、初期の『ホビージャパン』で扱うアイテムも『コレクター』のそれと非常に近かった。

『コレクター』は、アサヒ玩具の輸入ミニカーと輸入プラモデルの広報に、充分以上の効果を示したのだろう。佐藤光市はその経験を成功体験と位置づけ、輸入ホビーを扱う販売店「ポストホビー」と、同店が扱うホビーアイテムの告知・解説を行う『ホビージャパン』を同時に立ち上げたのだ。

独立を見据えて

佐藤は8年間アサヒ玩具に勤務し、『コレクター』の編集に携わったが、やがて独立、起業を考えるようになっていった。そんな時、佐藤は一人の女性に出会う。それは大久保の三徳会館で行われた県人会のダンスパーティでの出来事だった。オリンピックの前の年'63（昭和38）年のことである。

「パーティには早稲田（大学）のバンドが入っていたので参加者は全員学生だと思ってい

註1
モデルガン
外観を本物と見違えるほど正確にコピーした主に金属製のコレクション。60年代、アサヒ玩具が輸入していた輸入品目の一つ。後に国産化されブームとなる。実物に似せたブローバック、発火機能を備えたが、犯罪に使用されるに至り、玩具と識別できるようにメタました。しかし突然ダンスに誘って来た佐藤から名刺を渡され、社会人なのだと知って驚きました」と語るのは現（株）ホビージャパン・相談役の佐藤修子だ。受け取ったはいいがその名刺の処遇にも困ったというほど戸惑いもしたが、何故か水道橋での再会を約束してしまった。

「全く忘れていて二時間も遅れて行ったのですが、佐藤は待っていました。その時は顔も覚えていなくて、佐藤さんですか？と尋ねたくらいです」

とは半世紀後に語る思い出だ。

交際が進むと、郷里の盛岡に住む修子の兄が上京して来た。佐藤の素性を調査するためだった。卒業した大学や勤務先までは判るものの、結婚ともなればより詳細な身元・身辺調査も必要だ。しかし佐藤の住居を調べると、棚には大量のミニカー、そして引き出しからは商材のモデルガン（註1）がこれもまた大量に出てきたことには驚いた。モデルガンなどは見たことも無いため、本物だと思ったのだ。しかし佐藤が学生時代に東伏見にあった早稲田の学生寮の寮長を務めていたなどの事実も判り、話は結婚へと進む。仲人はアサヒ玩具の岸twelve浩社長夫妻。佐藤32歳、修子22歳だった。

「家を作ってくれると言ったので結婚したのですが、さっそく話が違ってきて、店を持ちたいと言い始めて」と修子は佐藤が独立へと向かう様子を語る。

これはアサヒ玩具の輸入業務の好調を目にして湧き起こった野望だろう。そして結婚を機に独り立ちを模索し始めたのだ。輸入ミニカーは高価であるにもかかわらず堅調に売れていた。アサヒ玩具が代理店となっていた輸入品目の中でも、イギリスのコーギー、ハスキー（註2）、フランスのディンキー、ソリド（註3）、といったミニカー・メーカーと、アメリカのモノグラム、AMTなどのプラモデル・メーカーは、その道の愛好家たちの間では知らない者のいない世界ブランドだ。前記したとおり舶来品のミニカーにプラモデルは高額で

リックカラーでの塗装が義務付けられた。

註2
ハスキー
HUSKY（ハスキー）は英国のミニカーブランド。コーギーの姉妹ブランドで、当時アサヒ玩具が輸入代理店となって「可愛い売れっ子！」というキャッチを付けて国内流通した。カラフルな台紙をベースとしたブリスターパック入りで、150円のシリーズ66種が専用のスタンドに吊るされて国内玩具店の店頭を飾った。コーギーと同じく小型犬の顔のシルエットがシンボルだった。

註3
ソリド
solido（ソリド）は'32年創業のフランスの玩具メーカー。'60年代にはミニカーにミリタリー車両を加え多くのAFVをダイカスト製法で生産、本格的にシリーズ化した。その際キャタピラなどは1ピーツずつのパーツを使用した緻密さで、70年代にはモーター駆動リモコン版もあった。アサヒ玩具が代理店時には、カタカナ表記を「ソリッド」としていた。

あり、特殊な品目であり、従って当時はまだそれら輸入アイテム専門の取り扱い店舗は無く、多くはデパート・百貨店の玩具売り場で他の種々雑多な子供向け国産玩具と共に売られているのが実状だった。これら最新の輸入ホビー商品だけに特化した、それも大人向けの専門の販売店があればきっと上手くいく。佐藤はアサヒ玩具に勤務しながら手探りで独立のための副業に着手する。

結婚一年目の給料は4万円、家賃が1万1千円だった。結婚一年目のある日、修子は佐藤から今年のボーナスはないよ、と突然言い渡された。ボーナスは全額、副業への投資に使われたのだ。

佐藤は絵を描くのも上手く、戦闘機や戦艦のイラストを自身で描き、それをハンカチにして売る、というビジネスを思いつく。オリンピックが近いため、万国旗ならぬ万国機？というコンセプトだろうか。その製作費に当月の給料と夏のボーナスすべてをつぎ込んでの挑戦で、二足の草鞋の始まりだった。

しかし何時まで待っても業者に依頼したはずの商品のハンカチは仕上がってこなかった。そこで依頼先の蔵前の業者の元に赴くと、そこはもぬけの殻。仕方なく二人は製作現場である川崎の染物業者を尋ねると、対応に現れた年配の職人に、開口一番「騙されたな」と呟かれ、そこで初めて事態を飲み込んだ。製作を依頼した中間業者が、製作費全額を持ち逃げしたのだ。もう一度製作費を持ってくれれば染めてやる、と言われたが、全額業者に騙し盗られた旨を説明すると、それなら売れてからの支払いでいいとハンカチの製作を請け負ってもらえた。どうにもならない状況下で、しかし職人の気っ風に救われたのだ。

街が騒がしいことに気が付いたのはその時だった。その日はアジアで初めて開催される、一度目の東京オリンピックの開会式だった。

佐藤はその後も人形の製作や古銭の通信販売などを行い、資金を貯めた。修子は、生まれたばかりの長女のゆりかごを揺らしながら、それらの作業を懸命に手伝った。中でも苦労したのはモデルガンの通信販売だった。それもアサヒ玩具の扱う輸入品目の一つだったが、当時は日本では非常に珍しいものだった。雑誌に広告を出し、私書箱を使い購入者からは代金として切手を送ってもらう。一件ずつ修子が開封、手紙を添えて商品と共に出荷するという作業を繰り返した。昼間、佐藤は会社勤めで留守であるためすべての作業を一人で行わなくてはならなかった。しかしある日事件は起きた。

通信販売でモデルガンを買った小学生の母親が、その子供を連れて怒鳴り込んできたのだ。子どもを騙して高額なものを売りつけている、という主張だった。激昂しているその母親は如何なる説明も聞く耳を持たず、結局修子は幼い長女を連れ原宿署へと出向くこととなった。こちらに落ち度はない。しかし販売している商材がモデルガンであることが取調官たちの心象を悪くした。

「取り調べは映画やドラマの取り調べシーンそのままでした。小さい机と裸電球。机を叩いて詰問されて。幼い長女のトイレさえも行かせてもらえず」と言う状況となったが、しかし母親が持参したモデルガンと、その郵送用の封筒が事態を好転させた。「封筒の中の手紙には私の文字で、依頼された商品の在庫が無いので代わりのモノを発送致します。もしもお気に召さなければ返送してください。代金、郵送料共にお返しいたします。という文面があり、それを見た取調官が、なんだ、すごく丁寧に対応してるじゃないか。となって…」

すると今度は、矛先が苦情を申し立てた母親に向かった。小学生が何故、親に内緒でそのような金額を所持していたのだ、との追及が始まり、修子たちは解放された。このような苦労話は枚挙に暇がない。商売などしたことのない修子にとってはすべてが未経験の連続だったのだ。

ポストホビー第一号店開店

目指す新店舗の出店には、通販などで貯めた貯金に加え、保有していたアサヒ玩具の持ち株を買い取ってもらうなどしたが、必要な額には届かなかった。そこで三和銀行に20万の融資を依頼することにした。その際、暫くはそのままアサヒ玩具での勤務を続けることなどを始め、いくつかの条件が提示されたが、信用調査の結果、融資は成立した。しかも新しいホビー事業の展望を熱っぽく語る佐藤に対し、申し込みよりも上乗せした額面の融資を受けられることになったのだ。これに修子の姉からの借入金10万などを加え、夢見た独立を果たすこととなった。皆、佐藤の将来性を買ったのだ。

まずは店舗の確保が優先された。大学時代の友人のつてで国鉄（現ＪＲ）代々木駅近くに位置する「代々木駅前ビル」のオーナーを紹介してもらうことができた。立地を確かめた佐藤は拠点を代々木と決め、会社からの帰宅途中にオーナーの元へと日参した。起業に際して出費は一円でも抑えた方が良い。値下げ交渉を繰り返すうちにオーナーは根負けし、８坪の路面店を確保する事ができた。

ポストホビーの登記は'69（昭和44）年3月でホビージャパンの登記は同年9月となっている。資本金１００万円での出発だった。

開店当時のポストホビー代々木店内の様子を知るには、掲載された写真を見て頂くのが早いだろう。８坪の店内の壁一面に、輸入ミニカーと輸入プラモデルが整然と陳列された様は壮観だ。コーギー、ディンキー、ソリドにマッチボックス（註１）、モノグラムにＡＭＴの商品たちは、どれもこれも当時のマニア垂涎のアイテムばかりで、その大半はアサヒ玩具が仕入れ元だった。

註1
マッチボックス
'53年、英国レズニー社が展開したミニカーのブランド。当時のホビージャパンには世界に向けて年間８００万台生産、とあるほど世界的に流通、認知されていた。国内価格１５０円の75種と、キングサイズと呼ばれる大きなコレクションシリーズがあったが、米国マテル社の対抗商品に押され、80年代には同ブランド名でプラモデルを生産し始めた。

ポストホビーが開店した'65（昭和40）年当時の『コレクター』誌には、開店したばかりのポストホビーの紹介記事が載っている。以下、『コレクター』No.70よりポストホビーの紹介部分を抜粋した。

――世界のモデルカーセンター・東京・国電代々木駅前に誕生。

『ポストホビー』とは"趣味のホームグラウンド"という意味で名づけられました。各メーカーのモデルカーが約3000車種も展示されており、モデルカーの普及センターとして、多くのマニアに利用されている。

また地方の方は自分の欲しい商品名と代金（現金書留）を同封して申込むとすぐにお手元に届くことになっている。

ミニチュアカーの他に世界のプラ組立模型自動車、レーシングカー等の新製品が続々入荷展示されている。製作指導の他、カスタムカーコンテストなども常時開催されている。同センターは年中無休で午前九時より午後九時迄運営されている。多忙なマニアにとっては、きわめて便利といえよう。――

というように、在庫の多さと共に通販の利便性をうたっており、また同稿には、地方においては輸入ミニカーやプラモデルが非常に入手困難であった状況として「都会の友人を利用したり、上京するほかなかった」と書かれており、マニア向けの舶来品が希少であり、その販路が極めて限定されていた時代であったことが窺える。

佐藤は販売店を設けるだけではなく、自身の通販事業の経験から、ここ代々木店を拠点とし、通販によって全国に新しいホビー「ミニカー」を発信して行くことを実行したのだ。

初期の客層は大人が中心だった。顧客の筆頭には旧華族・鍋島元侯爵もいたほどで、他にも芸能人、スポーツ選手などの著名人も多く訪れた。

開店当初、佐藤はまだアサヒ玩具に勤めており、店に顔を出すのは夕方の5時か6時で

註2
大塚康生
'31（昭和6）年島根県出身のアニメーター。東映動画時代、宮崎駿の指導係だったが、後にコンビで作品作りを行う。元、麻薬取締官事務所勤務という経歴を持ち、当時珍しいフィアット500（「ルパン三世カリオストロの城」でルパンが乗っていたイタリア車）に乗っていたため、佐藤社長からライターの依頼を受ける。ショートジャンパーにハンチングという出で立ちは、さながら刑事のようで個性的だった。

註3
松本零士
'38（昭和13）年福岡県生まれ、漫画家。旭日小綬章、紫綬褒章、フランス芸術文化勲章シュ

あったため、修子が店長として店番を任されることとなり、まだ幼い長女の子守りをしながら業務を行うという状況だった。輸入専門店としての珍しさもあり、雑誌の取材を受けた記事が残されている。それによるとポストホビーのモットーは、新製品については海外と同時発売を目指すこと。在庫の多さもセールスポイントだった。ミニカーが1200種、プラモデルの航空機が600種、同じくプラモデルの自動車が500種、その他船舶などが数十点とある。客足は絶えず、バイトなど数名を配したがそれでも手が足りない。常連客は大人が中心だったが、予備校が近いため学生も多く訪れた。しかし、子供の来店は基本として歓迎しなかった。商品が高価であるためだ。

だが中学生ともなると、小遣いを全額はたいてでも目当ての舶来プラモを買いにくることがあった。しかし最寄りの代々木駅まで辿り着き、いざ切符を買う段になって運賃が不足している事に気が付き、取って返して「すみません、50円貸してください」などということも頻発した。そのため、修子はストックとして毎月6000円を用意しておき、それらは基本「差し上げていた」と言うから、なんとも和やかな時代だった。それが夏休みともなるとその金額が1万円にも達したというから、販売の活況が窺える逸話である。舶来品は買い逃すと次にいつ入手できるかも定かでなかった、という時代でもあったのだ。

とにかく希少だった舶来ミニカーとプラモデル

「自衛隊を退職して、さてなにをするかという時に玩具も好きだったので…」と語るのは、ポストホビー開店当初からのスタッフで、長年にわたってポストホビーの店長として勤務した平野修だ。

「8坪の店でしたが、とにかくびっしり輸入ミニカーと輸入プラモで埋まっていました。

バリエ受章。代表作は『週刊少年サンデー』に不定期連載されていた第二次世界大戦を舞台とした『戦場まんがシリーズ』と呼ばれる作品群や『銀河鉄道999』『宇宙海賊キャプテンハーロック』『男おいどん』等広いジャンルに渡る。

註4
エアフィックス
AIRFIX（エアフィックス）は英国の老舗プラモメーカー。日本のメーカーに最も刺激を与えたプラモメーカーの一つ。さまざまなキットを発売していたが、中でも1／72航空機シリーズは当初から多数のラインナップを揃えていて輸入代理店が現れるまでは、コレクターアイテムとしてはマニア垂涎のシリーズだった。

註5
オーロラ
AURORA（オーロラ）は米国の老舗プラモメーカー。50～70年代にプラモデルを生産。特徴としてはベーブ・ルースやJFKのような歴史上の人物からドラキュラ、フランケンシュタインといった映画のモンスター、スーパーマンのようなコミック等、フィギュアを多く生在庫は当時で2000万円ほどあったと思います。なにせ単価が高かったですから。顧客の中心は大人で、有名な方も大勢いましたね」と言うから、前出の告知にあったミニカー300車種という表現もあながちオーバーなものではなかった。店に入りきらない在庫は佐藤の自宅ガレージに保管されていた。ホビィストとしても有名な石坂浩二氏、後にホビージャパンのライターとなる大塚康生氏（註2）、漫画家の松本零士氏（註3）なども常連客だった。

「当時これほど輸入ホビーを沢山取り扱っている専門店は都内でもポストホビーくらいで、あとはプラモデルだと新橋のステーションホビーくらいだったでしょう」と平野は語る。

ステーションホビーも60年代からあった伝説の輸入プラモデル専門店だ。レベル、モノグラム、エアフィックス（註4）にオーロラ（註5）、ホーク（註6）、リンドバーグ（註7）、フロッグ（註8）、AMTと言ったマニア憧れの海外キットが手に入ったため、全国からやって来る客が絶えなかった。最盛期には新橋駅前と錦糸町にも路面店があった。

ポストホビー勤務の平野の最初の給料は3万円程度だったが、代々木店の売り上げは一日5万に達する事もあったと言うから、経営は堅調だった。ノレブ社のミニカーは単価450円だったが、入荷する端から売れて行った。そんな中でも飛び切り高額だったのがイタリア・ボレール社のパーツ数2000点、全長1メートルのカーキットで、8万円という破格のアイテムであった。'70（昭和45）年当時の大卒初任給が3万9000円とされているから、そのほぼ倍の値段である。購入できるのはごく限られた客層だったと言うのも理解できるだろう。

「プラモデルでもモノグラムの1／48のB-52爆撃機は9000円ですからね。常連さんに、この前お買い上げいただいたキット、どうでしたか？　と尋ねると、もったいなくっ

産し、ゴジラも日本に先んじてプラモ化した。怪奇なシリーズで有名だが、零戦を世界で一番早くプラモ化したのもこのメーカーと言われており、映画『2001年宇宙の旅』のメカ等、傑作と言われるアイテムもあったが、'77年に倒産、幻のメーカーと言われている。

註6
ホーク
HAWK（ホーク）は米国の老舗プラモメーカー。大戦後プラモデルを発売した古参のプラモメーカー。航空機を中心としたラインナップで「一式陸上攻撃機」「桜花」など、当時国内メーカーも生産していない日本軍機も果敢に生産していた。

註7
リンドバーグ
LINDBERGH（リンドバーグ）は米国の老舗プラモメーカー。特に航空機を主としたラインナップでは先駆的メーカーで、資料不足にも拘らず当時敵対していたソ連のジェット戦闘機や、モーターライズでプロペラの回るキットなど冒険したアイテムもあ

てまだ開封しちゃいないよ！という答えが返って来ましたから」という具合で、当時の輸入プラモデルの価値というものは現在ではなかなか相当するアイテムが挙げられない、そんな特別のものだったのだ。

そんな中、平野が感心した商法があったという。

「〝自動発送〟ということをやっていましたね。これは先代（佐藤）の発想なんですが、常連客の好みのメーカーや車種を相談役（修子）が一人一人詳細に覚えておられて、新商品が入荷すると、注文が来なくてもダイレクトメールのように、当人宛に郵送するんです。不必要なら返品して下さい、という手紙を付けて。これはすごい着想だなと思いましたね。当時舶来品ミニカーを大量にコレクションするようなマニアの方々はいろいろと余裕の有る方たちでしたからね。新製品が手元に送られてきたら当然欲しくなる」

マニア心を突いた絶妙なアプローチだ。

また、隣のビルを借りて掘り出し市なる催しも開催した。これはいわゆるミニカーのバーゲンセールだ。中古や絶版と言う言葉を巧みに使い集客した。

「先代（佐藤）は、よく怒鳴りましたね。ご自身の頭の中にいろいろアイデアがあって、それが言葉にならずその前に怒鳴ってしまうということだったと思いますね。いや、凄く魅力のある人でしたよ。ああいう人にはもう出会えないと思います。なによりなんでも一番でないとダメなんです。だからミニカーや輸入プラモやアバロンヒル・ゲーム（註9）などもいち早く契約を取って代理店となって広めていったんでしょう。」

佐藤の最も近くに居た一人である平野の感想だ。

り、50年代に発売した宇宙人の乗ったUFOのキットが世界初のSFプラモと言われている。

註8
フロッグ
FROG（フロッグ）は英国IMA社の模型ブランド。戦前の'36年に発売した合成樹脂セルロース製の組み立てキットが世界初のプラモデルと言われている。この時使われた1／72の縮尺がその後もプラモデルの航空機の世界標準とされ、70年代までフロッグのペンギンシリーズとして航空機を生産した。元は模型飛行機メーカーであったため、プラモデルは「飛ばない飛行機模型」であることを意識して飛べない鳥であるペンギンシリーズとしたと言われている。

註9
アバロンヒル・ゲーム
The Avalon Hill Game Company（アバロンヒル）は米国のボードゲーム・メーカー。地図盤上に六角形のマス（ヘックス）を使用した先駆と言われており、ホビージャパンが輸入代理店となって日本語解説書を追加して販売流通していた。

こちらもアサヒ玩具時代の佐藤社長。昭和39年5月に神田の交通博物館展示場で開催された「第1回日本模型自動車ショウ」にて

アサヒ玩具勤務時代の佐藤光市社長(昭和34年頃)

昭和40年、開店間もないポストホビー代々木店の店頭に立つ佐藤社長と修子夫人

ショウケースに国内外のミニカーが並べられた代々木店店内の様子

開店当時のポストホビー代々木店。通販広告の出稿先であった少年画報社と『コレクター』誌の印刷を行っていた凸版印刷からの花輪も確認できる

こちらも代々木店だが特にAMTのカーキットコーナー。棚にぎっしりと詰め込まれた輸入キットが圧巻

代々木店に続いて昭和44年に池袋パルコ内にオープンしたポストホビー池袋店の店内

「ミニカー・コレクション・ファンの新雑誌」としてスタート

佐藤光市の生涯を通してのテーマは「HOBBY」だった。ホビー商品の物販を業務とする「ポストホビー」と、それらホビーの情報を発信していく『ホビージャパン』を併設したのは、前述もしたとおり、アサヒ玩具における輸入ミニカーの販売と、それらのPR誌である『コレクター』との相乗効果を佐藤が「ポストホビー」と『ホビージャパン』で再現したのだと言える。

この場合の「ホビー」の理念は、やはり佐藤の手掛けた『コレクター』にヒントがある。そこでは（60年代の）欧米では、趣味を問われた時「模型の製作です」とか「ミニチュアカーのコレクションです」と答えることが出来た。という例を引き、欧米ではそれらのホビーが既に充分に社会に承認されていると解説している。その上で、日本におけるレジャーの定番と言えば競輪、競馬、マージャンなどだが、それら旧来の趣味に対して、ミニカーのコレクションやプラモデルの製作という新しい趣味は「知的な趣味＝ホビー」として認められるべきだ。と結んでいるのだ。この「HOBBYは知的である」あるいは「知的な趣味がHOBBYである」とする理念は、「ミニカーをコレクションする余裕」「模型作りに没頭すること」は知的であり、世に認められるべきホビーであり、それらを喚起する目的としてもPR誌は必要である、と発展する。

'80年代、一緒に仕事をさせていただいた筆者も、面と向かって話を聞いたことはないが、創業社長佐藤光市の言葉の端々からそれらの理念を強く感じることはできた。

ホビー先進国である欧米で人気を博している”知的なホビー“は、必ず日本でも受け入れられるとするコンセプトは、佐藤が開拓、推奨して来たすべてのアイテム、商材に漏れなく当てはまる。輸入ミニカー、輸入プラモデル、モデルガン、ウォーゲーム（註1）、そして晩年、企業としてのホビージャパンを盤石ならしめた『マジック：ザ・ギャザリング』（註2）に至るまで、例外はない。

池田内閣が「国民所得倍増計画」を発表し、そして'64（昭和39）年の東京オリンピックを経て、日本は'68（昭和43）年にはＧＮＰが自由主義経済圏ではアメリカに次いで第2位となる。敗戦ですべてを失ってから僅か23年での急成長だった。カラーテレビ、クーラー、自動車が昭和における新三種の神器と呼ばれ、消費を楽しむ時代がやって来た、と誰もが実感できるようになって来たのだ。

'69（昭和44）年は、一大イベントである「大阪万国博覧会」を翌年に控え、小学生であった筆者自身も、言い知れぬその高揚感を明確に記憶している。そんな時代に月刊誌『ホビージャパン』は創刊された。

同年1月にポストホビー代々木店にもほど近い、ミヤタビルの6階に事務所は開設された。その一部屋にポストホビー本部と呼ばれていた経理部とホビージャパン編集部とが同居する事となった。編集部と言っても佐藤自身と、編集経験者1名。補佐のアルバイト1名という陣容だった。

そして'69（昭和44）年8月25日に『ホビージャパン』第一号が発行される。

創刊に際して、佐藤は「ホビー商品の総合雑誌を目指して、どんな種類の商品も掲載する

註1
ウォーゲーム
実際の戦争を題材として戦闘を再現したシミュレーションゲームの総称。ボードゲームのほかに地形や兵士、戦車のミニチュアを使ったものもある。

註2
『マジック：ザ・ギャザリング』
Magic:The Gathering（マジック：ザ・ギャザリング）は、1993年に発売された米国ウィザーズ・オブ・ザ・コースト社のトレーディングカードゲーム。驚異的人気によりトレーディングカードゲームというジャンルが形成されるに至った。
（株）ポストホビーは2004年12月までこのゲームの日本販売代理店であったが、ホビージャパンではその後も関連書籍の出版は行っている。

つもりで雑誌名を決定した」とし、日本には類誌がなかったため英国のホビー誌などを参考とした。「やるからには一番になるつもりだった。一番ならビリと同じだから」としている。

しかし、この『ＨＯＢＢＹ』なる単語は、それらに興じる者たちにとっては説明の必要もない共通概念だったが、『ホビージャパン』誌が創刊された'69年においても『ＨＯＢＢＹ』とはどういう意味ですか？　と、問われることが少なくなかったというのだから、当時としては新鮮な響きであったのだ。

ライター（執筆者）の確保は、佐藤社長自身が、ポストホビーの常連客に「（記事を）書いてみませんか？」と声をかけることで行った。輸入ミニカー専門店に足しげく通うコレクター、マニアに目星を付けたのだ。

創刊号はＢ５サイズで58ページ。カラーは表紙と表2．3．4（註3）のみ、その他はモノクロで定価は１５０円。記事の大半がポストホビーで取り扱っていた輸入ミニカーのカタログとなっており、巻頭には当時の国内におけるミニカー事情が紹介され、また巻末には日本で唯一の全国的組織Ｉ・Ａ・Ｃ・Ｃ（インターナショナル・オートモビル・コレクターズ・クラブ）への入会案内などが掲載されていた。

また佐藤の古巣である「アサヒ玩具」を始め、英国レズニー社のミニカーブランドであるマッチボックスの代理店だった「朝日通商」、同じく英国のブランド、ディンキーの代理店だった「国際貿易」、模型の総合卸問屋の「三ツ星商店」、メーカーとしては「日本玩具」、「マスダヤ」など広告も多数掲載されていた。中でも「アサヒ玩具」に関しては表4のカラー広告をはじめ数ページも出稿しているが、これは創刊にあたってのご祝儀であった。

表紙にこそ謳われていないが「ミニカー・コレクション・ファンの新雑誌」を標榜し、巻

註3
表2．3．4
表紙を表1、その裏を表2、裏表紙を表4、その内側を表3と呼ぶ編集用語。表紙の裏、最後のページ、裏表紙など、曖昧な形容だと統一性を欠くため、特に広告は入る位置、ページで価格が設定されるため、本文の1ページ、2ページなどと分けてこのように呼称する。ただ表1、表2も本文ページとしてカウントする場合もある。

末の次号予告ページでは、アメリカの「モデルカーサイエンス誌」、イギリスの「モデルカーズ誌」、イタリアの「クアトロルーティン誌」、フランスの「モデリズム誌」などを写真で紹介しつつも、ホビージャパンがいずれよりも充実していると宣言している。

創刊号の表紙は、ガスタービン・エンジンを搭載して話題となったレーシングカー、STP-パクストン・ターボカーのファラカーズ社製（フランス）のミニカーで、当時としては高額な国内価格980円の商品だった。チェス盤の上に配された真紅のミニカーはモダンでダンディーなイメージを演出していたが、誌面随所で「国際派」を謳っているのに対し、ホビージャパンのロゴタイプ自体はカタカナ表記だった。

また表2には朝日通商のカラー広告が掲載されている。これはイタリア製ミニカーの広告なのだが、ミニカー自体は小さく、背景でポーズをとる外人女性モデルの方を大きく扱ったアダルトなイメージ広告となっており、このようなモデルを起用したイメージ広告は、この後も何度か掲載されている。

発行人と編集人は共に佐藤光市とあり、巻末の奥付において「趣味の世界では花、犬、つり、魚、カメラ、囲碁、切手、コインなどがあるが、すべてこれらを対象とした専門誌がある。――――同様に趣味の世界でミニカーを対象とした専門誌として本誌が誕生した。」と、本誌の存在意義を語っている。

創刊号以来、記事内容は輸入ミニカーとカーモデルのキットなどの紹介を主としていたが、例えばフランス・ソリド社のミリタリーミニカーの紹介などでは、一気に全車種を掲載、紹介している。これらは購入すれば相当の額面となるところだが、それらのアイテムはポストホビーの取扱い商品であるからこそ出来た企画だった。

他の記事においても、英国で最古参のマニアでありコレクターの外科医の紹介やアメリカのホビーショップのレポートなどワールドワイドで、その点ではまさしく編集方針は『コレクター』誌のそれを踏襲していた。また発売当初、ミニカー売り場に置いていたところ、薄いのでカタログだと間違われて持っていかれてしまった、という逸話が残っているほど、体裁、内容はカタログ然としていた。

価格の150円に関しては、当時の大卒初任給3万4100円、ロードショー映画が700円などと対比して頂きたい。売り込みはポストホビーの顧客へのダイレクトメールから始めたが、書店への販路、流通には疎く、「全国の書店で発売」とはうたっていたものの、実際に全国流通を果たすまでは一苦労だったという。

佐藤の名前が編集人（編集長）として記載されている号も散見できるように、自らが編集作業を行い主導したが、詳細な記事内容の検討から始めるのではなく、当初はライターの持ち込み記事などを中心に構成されていた。基本的な編集指針はあったが、執筆陣の意向に沿って誌面内容の詳細は決定されていたのだ。

'71（昭和46）年9月号からホビージャパンのレイアウトの手伝いを始めた中田ルオ氏（現・株式会社レイアップ（註1）代表取締役社長）は、当時まだ学生だった。

ファッション関係の仕事に憧れ、ファッション関連のミニコミ誌（註2）の編集に携わっていたが、その冊子が終了してしまい、グラビアページの印刷を担当していた「三共グラビヤ印刷」（現三共グラフィックス株式会社）の関係者から、ホビージャパン編集部を紹介された。中田氏は、最初に手掛けたのはグラビア見開き8ページのレイアウトだったが、当時"見開き"が何のことか判らないような素人だった、と回想する。見開きとは、本を開いた左右2ページのことで、編集・レイアウト作業上の専門用語だ。

「僕が手伝い始めたのは確か、編集スタッフが全員辞めてしまう一ヵ月位前だったと思う。編集部に誰も居なくなってしまい、休刊というわけにはいかないので、佐藤社長自らが一部の原稿も執筆し、レイアウトも行い、記事の写真の撮影まで手掛けていた」という状況

註1
株式会社レイアップ
東京都渋谷区に本社を持つキャラクターや玩具に関連した企画デザイン、オリジナル商品の開発を手掛ける企業。'79（昭和54）年設立。『SDガンダム』『スーパーロボット大戦シリーズ』のデザインワークスを担当している。

註2
ミニコミ誌
60〜70年代に流行した自主製作の小規模な雑誌媒体。

だったと言う。流石にそれでは立ち行かないので、レイアウトはすべて中田氏が請け負い、アルバイトも雇い、知り合いのカメラマンを紹介するなどして、編集作業に協力し何とか刊行できた。

「ホビージャパンは、今までに社員が全員近く辞めるという事態がたびたびあったと思うが、おそらく佐藤社長と喧嘩して辞めたんじゃないかと思う。喧嘩しないで辞めたのは僕くらいかも知れない」と笑いながら中田氏は語る。さらに負けず嫌いで、ワンマンだとは思うが、自分なりの筋・道理から、仕事だけに邁進し常に戦っていた、とも付け加えた。

創刊一年を迎えるこの頃には、当初よりページ数も増え、読者も増えた。しかしホビージャパンはなかなか利益を生まなかった。好調なポストホビーに支えられていたというのが実態だった。

「年の近いスタッフや社員がいなかったというのもあると思うが、僕はよく愚痴を聞かされた。しかし黒字に転換したのは「ガンプラ」（註1）をいち早く掲載しはじめてからじゃないかな。大幅な黒字になるまで根気強く続けて来られたのは、恐らく佐藤社長の粘り強さと、同時に、戦中派世代が共有するハングリー精神によるところが大きかったのだと思う」と中田氏は分析する。

ポストホビーの経営は堅調で、業績は右肩上がりだったが、玩具やミニカーを売るという事業はあくまでも生業として始めたものだ。しかし編集や出版は知的産業と見なされる。文学部卒と言うアイデンティティもあり、出版事業を行っているということは佐藤社長本人にとって手放せない重要な自己肯定だったのだろう、と中田氏は語る。

中田氏が編集にかかわったのは3年ほどだが、現在でも会社のロゴとして使用されている欧文の「Ｈｏｂｂｙ　ＪＡＰＡＮ」ロゴタイプをデザインしたのは中田氏だった。そして生涯にわたって佐藤社長とは付き合っていくこととなる。

註1
「ガンプラ」
「ガンダムのプラモデル」の略称。ガンダム自体のプラモデルの事ではなく、『機動戦士ガンダム』中に登場するモビルスーツをプラモ化したシリーズ自体をこう呼称し、またモビルスーツだけではなく機動兵器、艦船も含めた関連プラモデル商品群の総称。本文中では発売当初からこの呼称を使っているが'80（昭和55）年にホビージャパンがガンダムを展開し始めた当初はこの呼称は存在していなかった。

中田氏は月の半分ほど編集部に来て手伝うこととなったが、しかしページ数も増え始め、さすがに雑事まではこなせないということで、アシスタントが必要となり公募することとなった。

ミニカー誌からホビー誌への転機

'72（昭和47）年の募集に応えてやって来たのは東京・お茶の水にある『東京デザイナー学院』を卒業したばかりの二十歳の筑城理江子（当時は旧姓で黒木理江子）だった。同年4月の新規採用として（株）ホビージャパンに入社する。

当時のライター（執筆陣）の原稿は、200字詰め原稿用紙に鉛筆で書かれており、それを誌面レイアウトに移行するには、まず誤字脱字のチェックを含め、文体を整えるために必要に応じてリライトし、文字数を算出する必要があった。文章の整理を行い、文字数を算出して初めてデザイナーがレイアウト作業に入れるのだ。

しかし入社したての筑城の仕事は原稿の整理や、レイアウトの手伝いなどには留まらず多岐にわたった。ホビージャパンの自社広告やポストホビーの広告の製作、広告主（スポンサー）からの広告の受け取り、さらには日々読者からはがきや封書で送られて来る注文に対してバックナンバーの梱包、発送、そしてポストホビー代々木店の店番まで、仕事は際限なくあった。

当時、印刷所に入稿する原稿は紙だったため、本誌に掲載される広告原稿も『版下原稿』と呼ばれる厚めの台紙に、写植の印画紙に印紙された文字を貼り付け、使用する写真と、製版指示を書き込んだ指定用紙でワンセットであった。そのため広告主はこの広告原稿を、自身あるいは外注のデザイン事務所や広告代理店などに発注して作成し、完成するとそれらを編集部へ受け渡す業務が不可欠だった。

それらの広告原稿の回収も筑城の仕事だったが、中でも体力を必要としたのが年間購読者などへの大量の本誌発送業務と、出稿スポンサーへの献本業務だった。

定期購読者への本誌発送は百冊を超える大量となるため、最寄りの代々木郵便局ではなく新宿の本局まで持ち運ぶ必要があった。しかし代々木駅前の編集部から新宿の本局までは直線距離でも1キロ弱あり、さらに小田急線の線路四車線の"大踏切"を超える必要があった。ある日大量の本誌を積んだキャスターを押して行くと、キャスターが線路に挟まり踏切内で立ち往生してしまった。同踏切は小田急線の終着駅である小田急線新宿駅まで400メートルもない地点であるため、数分とおかずに電車がやって来る。慌てた踏切番と通行人も手伝って、警告音が響き始めた踏切からなんとかキャスターを運び出し、事なきを得たものの、踏切番から大目玉を喰らうことになったのは言うまでもない。

また前出の広告主への献本も大量で、『アサヒ玩具』『国際貿易』『朝日通商』などの大手数社の広告収入無しにホビージャパン誌は成り立たないのが実情だった。従って一社当たり100冊を超える献本が必要となり、それらを届けるのも新人の筑城の役割だった。百数冊もの献本をキャスターに載せて運ぶものの、代々木駅の階段は一度では登れず、小分けにして何度も往復することとなる。その姿は傍目にも楽な仕事ではなく、見ず知らずの乗降客が手を貸してくれたこともあったという。彼女が20歳そこそこの若い女性だったからということもあるだろう。

'71(昭和46)年からは次第にミニカー以外にプラモデルの記事も掲載し始める。戦闘機の実機写真やカラー図面、"ダンケルクの撤退"を再現したディオラマなど、記事の種類が増えて行った。またメーカー代表として田宮俊作氏((株)タミヤ代表取締役会長兼代表取締役社長)、モデラー代表として大塚康生氏、カット(挿絵)は宮崎駿氏という構成でモデラーとメーカーの対談を組むなど、内容がバラエティに富み始める。大塚康生氏の「ＪｅｅｐＪｅｅｐＪｅｅｐ！」の連載が開始するのもこの年で、当時の奥付のスタッフ欄には旧東映動画出身で日本を代表するアニメーターである大塚、宮崎コンビの名前が並んで表記されていた。

プラモデルにおいては、積載砲を持ち、ごつくて大きな戦車（ＡＦＶ＝戦闘装甲車両）の方が注目されがちだが、ジープに代表されるソフトスキン（非装甲車）に特化した研究を続ける大塚氏の連載は個性的で、資料写真と共に掲載された描き起こしのイラストも魅力的で、ホビージャパン独自の指向性が見え始めた。

12月号では、ミニカー主体だった記事内容を、ホビー全般に変革したところ読者が急増した、という記載がされ、'72（昭和47）年以降になるとプラモデル周辺の記事がさらに増していく。年間購読料は「予約金２７００円（送料共）」との記載と共に「総合ホビー誌化を図ったところ、本誌の読者がぐーんと増え、本誌が手に入らないという声が数多く聞かれるようになりました」との報告がなされた。これが最初の誌面内容の定期転換と言えるだろう。これは従来のミニカー関連の記事に加え、次第にプラモデルとその周辺記事が増加していくという変化であった。

ポストホビーの取扱品目も、ミニカー以外の多種多様な輸入商品が増え始めたことも反映していた。プラモデルの工作記事だけでなく、日本初上陸のミニチュアを使ったスケールの大きなウォーゲームの紹介や、ミニカーを使ったディオラマなどに加え、中西立太氏による「日本の軍装」、高荷義之氏（註1）による「パンツァーメモ」などの資料的記事も充実。そして模型製作グループ、カンプ・グルッペ・ジーベンによる巨大ディオラマ「アルデンヌ１９４４」は読者の記憶に残る大作となった。また'45年初頭に実施されたドイツ側の一大巻き返し作戦を「最後の大航空戦ボーデン・プラッテ作戦」と題してディオラマ化するなど、

註1
高荷義之
'35（昭和10）年生まれ。群馬県出身の日本のイラストレーター。少年雑誌の架空戦記の挿絵からプラモデルのボックスアートなどまで描く。小松崎茂に師事するも一年と経たずに独立。60年代に少年誌を中心とした戦記ブームが到来すると戦艦、航空機、戦車などのメカイラストの需要が増し、また同時にスケールプラモデルのボックスアートの需要も増大。その正確な描写力には定評があり、昭和を代表するプラモのボックスアートの第一人者となる。

市販プラモデルを使ったより広い楽しみ方を提案し、変化に富んだ内容となっていった。しかしそれらに通底する指向性があった。それは〝ミリタリー〟だった。

プラモデルの専門誌としては先駆であった月刊誌『モデルアート』（註1）の同年代の内容に目を向けると、プラモデルを実車や実機に近付けるためのアプローチを主軸に据えており、巻頭に実機の資料・写真を掲載し、続いてキットの詳細な工作工程を指南するという方向で、プラモデルをより正確に、より美しく作る方向に特化していた。体裁、ページ数、定価も両誌は近く、発売日も毎月25日と同じであった。そのため当時は後発である『ホビージャパン』が類誌、或いは対抗誌と見なされていた時期であったかも知れない。しかし手元にあるモデルアート誌'72年8月号には「ポストホビー」の1ページ広告が載っており、これはモデルアート誌の読者層が、ポストホビーの取扱商品の対象であると考えての出稿であるから、つまりこの当時、両誌は共に似通った領域の読者層を対象としていたのは間違いない。

ミニカーとプラモの市場占有率に変化あり

当時、ホビージャパン読者であった私は中学二年生となり、お小遣いがアップされたため、ようやく舶来品のエアフィックスやモノグラムのプラモデルにも手を伸ばせるようになっていた。しかしそれ以前はミニカーを集めていて、最高にお気に入りだったのはデンマーク、テクノ社のボルボ10輪トラックだった。板バネを再現したパーツで全輪サスペンションが効き、車体を傾斜させた方向にステアリングが切れるという優れものだった。ホイールの止めねじまでモールドされていて、いくら顔を近づけてもアップに耐える出来だった。実写同様、ドライバーズキャビンが前へ倒れるギミックもあるのだが、内蔵されている

註1
『モデルアート』
'66（昭和41）年11月に創刊された模型専門誌。当初は航空機モデルの製作記事が中心であったが後に他のジャンルにも力を入れプラモデル全般を扱うが、基本的にはスケールモデルの工作ガイドが中心である。

エンジンパーツが取り外せるのは、ホビージャパンの記事を読んで知った。ホビージャパンが150円の時代に1350円もする高額ミニカーだった。しかし当時の国産ミニカーと比べると、その完成度は雲泥の差で、舶来品はその高額な値段に見合う精度と魅力があったのだ。なぜ欧米の人たちはこんなにも拘りを持ってホビー商品を作るのだろうと、つくづく考えたものだ。子どもの玩具ではないのだ。

しかし70年代になると、次第に輸入ミニカーもデパート・百貨店により広く流通し始め、希少さは失われて行った。一方プラモデルはすでに50年代末には国産化がスタートし、60年代には大きな市場を形成していたが、70年代ともなると、輸入プラモも続々と国産化し、それらも全国に流通し始める。

ホビージャパン誌の、ミニカー専門誌からプラモデル中心への記事内容の移行時期は、少なくともミニカー少年であり、プラモ少年であった私の私的な動向と偶然なのか驚くほどシンクロしていた。

当時モノグラムの1／48エアラコブラ戦闘機のプラモデルを手に入れたが、同時に友人からソリド社のタイガーIのミニカーも半額近くで譲ってもらった。するとなんとその月のホビージャパン（'70年9月号）の表紙は、そのモノグラムのエアラコブラとソリドのタイガーIだった。まさに当時はミニカーとプラモとが同列で表紙を飾る過渡期だったと言える。

ミニカーは集めてしまえばコンプリートだ。舶来品としては最もリーズナブルだった一台150円のマッチボックス・シリーズ75種は全部集めることができて満足しきりだった70年代初頭あたりを境に、それらマッチボックス商品ラインナップは更新されなくなってしまった。ライバルの米国マテル社（註2）の仕掛けた対抗商品に押されたこともあり、まさに私がミニカー離れをした直後の'73（昭和48）年、世界のミニカーブランド・マッチボックスは、活路をプラモデル市場に求め、なんとプラモデルを生産し始めたのだ。玩具メーカー

註2
マテル社
バービー人形を生産する世界最大手の米国の玩具メーカー。ハズブロ社と双璧を成すアメリカを代表する企業。70年代にモノグラムを吸収。スケールモデル一辺倒であった世界ブランドを使って『宇宙空母ギャラクティカ』やその他のSFメカも生産した。

として大成していたバンダイが、満を持してプラモデル業界に乗り込んだのも70年代初頭のことである。

これらの動向に同調し、ミニカー専門誌として生まれたホビージャパンの誌面から'74（昭和49）年、遂にミニカーの記事が消え、プラモデルの記事が主流となり、同年3月号において「楽しい模型工作とコレクションの専門誌」と宣言するに至ったのだ。

70年代には、欧米に比べ後発だった国産プラモデルも数、質共に欧米のそれに並び、国産プラモメーカーは、数十社にまで増加。これは欧米を凌ぐ数で、毎年催されるプラモ見本市も活況を呈した。プラモデル市場の裾野が広がり、町の各所にプラモデル屋が開店し、全国のデパート・百貨店の玩具コーナーにも漏れなくプラモデル売り場が常設された。そして米国のモノグラムはバンダイ（註1）が、英国エアフィックスは永大（註2）が、米国レベルはグンゼ産業（註3）が、という具合にかつて手の届かなかった世界的プラモのブランド群がことごとく国産化され、国内のデパート・百貨店の玩具売り場にも流通した。知る人ぞ知る世界ブランドが、知る人ぞ知る専門店でのみで販売されていた時代は終わり、デパートの玩具コーナーで、以前より安価で以前より容易く購入できるようになったのだ。

ホビージャパンの誌面内容は、こうした推移を敏感に反映していた。これはホビージャパンが、ポストホビーというホビーショップと同時並行で運営されていたことにより、市場動向をリアルタイムで知りえたという強みによるものだったと言えるだろう。

'75（昭和50）年になるとホビージャパンの定価は450円となり、総ページ数は128ページと増加した。内容は既にプラモデルの工作ガイドが主軸となり、新しいホビーテクニックとして、車体の一部を切り取り、内部構造を見せる「カットモデル」が連載される。

また当時のプラモデル・シーンの主流は、いわゆる「スケールモデル」、つまり実在する

註1
バンダイ
株式会社バンダイは、バンダイナムコグループの玩具、模型、既製服アパレル、生活用品等を手がけるメーカー。60年代に急成長し、社内の一部署であったプラモ課を'71（昭和46）年、子会社バンダイ模型として設立。当初の目標はプラモデルの総合商社となることだった。静岡県の清水工場を拠点にプラモデルの生産を開始。ガンプラの成功に至る。ガンプラはプラモ史上で一番売れたプラモデル・シリーズとなった。

註2
永大
永大グリップとしてミニカーからキャラクターものまで幅広く生産していた日本の玩具メーカー。エイダイナインとして9ミリゲージを、そしてプラモデ

実機や実車、艦船を縮小したプラモが主流であったため、それらを正確に製作する場合に必要となる実機や実車の鮮明な写真が資料として掲載された。1月号では日本海軍の戦艦の資料写真が掲載され、フルスクラッチ（完全自作）の解説が行われており、塗装図や図面も資料として多く掲載されるようになる。

また9月号は「創刊6周年記念大躍進号」としてⅣ号戦車を特集し、高荷義之氏のイラストによる解説が掲載された。これもやはりプラモデルをより詳細に作るための資料と工作の〝対〟的な記事となっており、掲載のアイテムを作ろうとする向きには、〝実用的なハウトゥ本〟となっていた。

創刊当時のカタログ的要素はすでに無くなり、プラモデルの工作方法や、ミリタリーなどに関する知識、蘊蓄などが充実し、資料と工作記事とが増大して行く。固定読者も獲得し、ようやく全国各地の書店でもその書影を見ることが出来るようになったのもこの頃だろう。'76（昭和51）年になると、スケールモデルの特集が続く。表紙もその号のテーマとなるキットを一つだけクローズアップするという方向が定期化し、完全にプラモデルの工作のための本となった。また第二のブームが到来したスロット・レーシングを取り上げて「スロット・レーシングの楽しみ」などの連載が始まる。

新しい試み

「模型趣味の専門誌」を標榜し、完全に模型専門誌となっていた本誌だが、そんな中でもホビージャパンの個性として今後の流れに変化をもたらす試みがなされた。それは'75（昭和50）年6月号で、松本零士氏の「戦場まんがシリーズ」に登場するB-29や二式戦闘機を、まんが劇中のマーキングを施して再現するという新しいアプローチだった。この企画が好評で

ルもキャラクター物からスケールモノまで扱っていた。60年代末には英国エアフィックス社の初の国内代理店としてそれらをエイダイ／エアフィックスとして国産化。（パーツをバルクで輸入し日本製パッケージとしたもの）。株式会社永大なのだが、Eidaiやエーダイモデル、永大グリップなどのブランドを多用していた。

註3
グンゼ産業
現・株式会社GSIクレオス。'31（昭和6）年、生糸絹撚糸の輸出を主業務とする株式会社林大作商店として神奈川県に設立、後に株式会社郡是シルクコーポレーションと改称。プラモデルがブームとなった60年代から、物資部門が米国レベル製キットの輸入を開始。'64（昭和39）年には同社と提携を行い、同社キットの輸入発売と金型を借用しライセンス生産を行う。その航空機シリーズの中の日本軍機はグンゼ側が自社開発した。またレベルブランドを用い藤倉化成株式会社と共同開発した模型用塗料「レベルカラー」は、それまでの塗料を駆逐し、模型塗料の代名詞となった。

あったため、翌'77（昭和52）年9月号の「創刊8周年記念号」でも「松本零士の世界Part2」と題して、より積極的に漫画世界へのプラモによるアプローチを行っている。松本氏ご本人にもご登場いただき、作品に対する質疑応答式のインタビューも掲載。表紙は松本零士氏のカラー原画を背景に使用し『衝撃降下90度』という作品に登場する架空の試作機「キ-99」を、ロングノーズなイメージで再現した、印象に残るビジュアルだった。

『衝撃降下90度』は、レシプロ機（註1）で音速の壁に挑む短編読み切りの架空戦記まんがだが、セリフまで覚えたというマニアもいるほどのカリスマ的作品で、この号はキャラクターものを表紙とした記念すべき最初の号となった。

また通巻100号となった'77（昭和52）年12月号（100号記念特大号）においては、特集を「史上最大の作戦」とし、金子辰也氏によるディオラマ作例などを中心に展開。最も特異なプラモデルメーカーだった米国オーロラ社のモンスターや『原子力潜水艦シービュー号』（註2）などを「SFの世界」として紹介。バンダイがキット化した『宇宙戦艦ヤマト』のプラモも紹介している。この時点では、まだ「主流はミリタリー、スケールモデルだが、それ以外にSF系プラモにも目を向けてみよう」という段階に留まり、SF映画や、アニメの中のキャラやメカにイメージを近付けるための工作アプローチはまだなされていない。ただSFやアニメのキャラクターに対してもホビージャパンは寛容だという印象を読者に与えた点は重要だ。その証拠に、これらの企画を契機としてそれまでミリタリー物ばかりだった読者投稿欄に送られて来るイラストや自信作に異変が起こる。松本零士氏の作品やSFをテーマとしたイラストなどが増大。そして総じてそれらはなかなか上手いのだ。読者の動向にも変化の兆しが見え始めていた。

註1
レシプロ機
燃料の燃焼で発生した圧力により往復動機関、あるいはピストンエンジンを動かす方式の原動機、レシプロエンジンを搭載した航空機。航空機としてはジェットエンジン以前のエンジンとして認識される。プロペラ機とも言われるが、レシプロ機≠プロペラ機ではない。

註2
『原子力潜水艦シービュー号』
20世紀フォックスのSF映画、原題『Voyage to the Bottom of the Sea』、邦題『地球の危機』をテレビドラマ化した作品。'64年〜'68年まで、米ABC系列で110話放送。日本でも'64（昭和39）年から放送された海洋SF。タイトルは『原潜シービュー号 海底科学作戦』。未来の原子力潜水艦シービュー号や飛行潜水艦フライングサブが活躍する。米国ではオーロラ社、モノグラム社が、日本では緑商会がプラモデル化していた。

アサヒ玩具時代に佐藤社長が編集を務めたミニカー情報誌『コレクター』(発行:ジャパン・ミニチュア・コレクター・クラブ)。各社の新製品紹介だけでなく、ミニカーコレクションの方法やコレクター訪問など、その内容は初期のホビージャパンに通じるものが多い

(昭和42年12月1日発行)　HOBBY MAGAZINE　第11・12合併号（毎月1日発行）

☆日本に生まれたすばらしい専門店　☆欧米スタイルの本格的ホビーショップ＝ポストホビー

★全国のファンにおくるホビー情報誌★
HOBBY MAGAZINE
ホビーマガジン

発行所
東京都渋谷区代々木1—36
(代々木駅前ビル) 370—0204
ポストホビー
編集発行人 佐藤修子
昭和42年12月1日発行
第11・12合併号
(毎月1日発行)
定価＝1部 20 円
年間購読料 200円(送料共)
印刷所
凸版印刷株式会社

▲TBS全国ネット番組『ヤング720』に出演のポストホビー。新らしい、ユニークなホビーショップとされその内容が紹介された。輸入品専門のミニカー、プラ飛行機、プラ自動車、モデルガン等を専門に取扱い、高校生から大人のマニア迄に親しまれている日本でただ一店のホビーサロン的なお店として話題を提供した。(写真はファンと共にのスナップ)

◀右下、ポストホビー店内でプラモの「モデラーズコンテスト」を開いています。毎月催される月例コンテストですので、いつでも作品を受付けています。賞品はトロフィーの他副賞がたくさんあります。ふるってご参加下さい。

詳細はご来店の上、お尋ね下さい。

〔注〕ホビーマガジンのバックナンバーの欲しい方は一部30円（〒）同封の上、号数を明記の上、お申込み下さい。当誌を保存しておきますとカタログがわりになります。毎号新製品を主力に紹介しております。

(昭和42年12月1日発行)　HOBBY MAGAZINE　第11・12合併号（毎月1日発行）

☆日本で最も充実した外国製キットセンター☆飛行機・自動車・船等の新製品キットぞくぞく入荷しています

当欄に掲載もれのMPC新製品キット、フロッグ新製品キット14点が入荷しています。地方の方は通信販売にてお求め下さい。送料は200円です。（当欄のAMTシリーズは12月25日入荷予定です）

ホビージャパン創刊以前に発行されていたポストホビーの月刊情報誌「ホビーマガジン」(1部20円)。画像は昭和42年12月1日発行の第11・12合併号のコピー。編集発行人には修子夫人の名前がある

誌面のサイズの参考のため、A4変形判の2019年現在のホビージャパンとコレクター(右上)とホビージャパン創刊号(右下)を比較。ホビージャパンは長らくB5判形であったが、2004年10月号より現在のサイズとなった

●第3章　70年代のHJを支えた人々

常連客からライターへ

ミニカーやプラモデルの製作・解説には専門の知識やスキルが必要だが、専門誌のライターとなると、それだけでは務まらない。制限された期間内に作例を仕上げ、さらに分かり易い解説も添えなくてはならないからだ。創刊50周年ともなると果たして今まで延べ何人の執筆者がホビージャパンに関わってきたのだろうか。ここでは特に現在のホビージャパン誌の原型が形成された70年代の代表的な執筆陣を振り返ってみたい。

創刊当初からご協力いただいているライターの中でも、佐藤社長と交友のあった大塚康生氏は、草創期のホビージャパンにとって、欠くことのできない執筆者の一人だった。前記したとおり、大塚氏はポストホビー代々木店に来店する常連客の一人であり、当初はミリタリー系のミニカーをコレクションされていた。

日本を代表するアニメーターで、戦後日本のアニメ制作会社の草分けである東映動画（現・東映アニメーション）を'68（昭和43）年に退社し、TVアニメの制作会社に籍を置き、主に作画監督として活躍しておられたが、本業以外にジープの研究家としても知られ、またプラモデルにも造詣が深いというそのパーソナリティーは、ホビージャパンの指向性と非常に親和性が高かった。

作画監督としては『ムーミン』（'69年）『ルパン三世』（'71年）『パンダコパンダ』（'73年）『侍ジャイアンツ』（'73年）『未来少年コナン』（'78年）、そして劇場作品『ルパン三世　カリオストロの城』（'79年）では、キャラクターデザインと作画監督を兼任するという多忙の中、ホビージャパン誌上では軍用車両のミニカーやジープ、装甲車に関する解説を連載していた。

大塚氏の手掛けるそれら車両のイラストは、緻密にして正確だが、同時に温かみを持つという独特の魅力があり、唯一無二の存在感を放ち読者からも好評だった。また田宮模型の展開するＭＭ（ミリタリーミニチュア）シリーズにおいては、フィギュアのポージングの監修などを行っている。更に70年代の一時期、本業のアニメをストップしてまで新興プラモメーカーの企画に没頭したこともある程のミリタリー車両好き、プラモ好きでもあり、長年にわたって世界中から収集したジープの写真資料集『Ｊｅｅｐ Ｊｅｅｐ Ｊｅｅｐ！』はホビージャパン別冊『ＪＥＥＰ ＪＥＥＰ ＪＥＥＰ ウィリスＭＢ、フォードＧＰＷ写真集』として'83（昭和58）年に結実した。

当時の巻末のスタッフ表記には大塚康生氏と並んで宮崎駿氏の名前も認められると書いたが、宮崎駿氏については解説不要だろう。大塚氏とは東映動画時代からの盟友であり、ホビージャパンにも大塚氏と共にイラストを描かれていた。しかし当時、筑城は「絵の上手い人」程度の認識しかしていなかったという。70年代の誌面に数回にわたってデフォルメした戦闘機のイラストなどが掲載されている。

「それまでホビージャパンの仕事をしていた上田信（註1）さんがつくば万博の仕事で忙しくなって、（代わりに）ホビージャパンの仕事をやらないか、と言われたのが切掛けだった」と語るのは戦争劇画家の第一人者の小林源文氏だ。

それ以前は上田信氏がミリタリー関連の解説イラストを担当していたが、後輩に道を譲る形で小林源文氏の登板となったのだ。

当時27歳で大井埠頭での仕事に従事しており、それが終わってから劇画を描くという二足の草鞋だった。イラストレーターの中西立太氏に師事したと言われているが、弟子になった

註1
上田信
'49（昭和24）年生まれ、青森県出身。小松崎茂の最後の内弟子と言われ、後にモデルガンメーカーのＭＧＣに就職。独立後はタミヤ　1／100「ミニジェット機シリーズ」のパッケージなどを描く。ホビージャパンでは60～70年代にかけてミリタリーの解説イラストを担当していた。

ことは無かったという。

「中学を出て高校へ行く間に、中西さんを訪ねて、弟子にして欲しいと言ったが断わられたんだ。しかし、いつ遊びに来てもいいよと言われたのでよくお邪魔して絵を描いているところは見せていただいたし、絵を描く概念などは教えていただいた。後年、やっぱり小林君を弟子にしておけばよかったと言っておられたよ」と笑顔で話す。

しかし'75（昭和50）年、立風書房から発売された中西立太氏の『壮烈！ ドイツ機甲師団』ではイラスト、劇画を担当し、その名を知られることとなる。この本は当時のミリタリー少年のバイブルとなった。

TV局に行きたくて高校を出てから日本工学院専門学校（当時は日本電子工学院）に進んだが、後にホビージャパン誌上で'82（昭和58）年から'83（昭和59）年にかけて連載された『黒騎士物語』がヒットして、劇画家となった。模型の専門誌でありながらも、劇画が掲載されていたことも70〜80年代のホビージャパンの特徴だったと言えるだろう。80年代中期、ホビージャパン・スタッフが分裂し、対抗誌・月刊『モデルグラフィックス』が創刊され、両誌によるライターの争奪戦となった際も、その双方で連載を持った稀有な作家だった。本名は源文（もとふみ）だが、関係者たちからは、敬愛を込め「ゲンブンさん」と呼ばれている。現在も資料に埋まりそうな四谷のスタジオで精力的に作品を描き続けている。

五十嵐平達氏については、すでに触れたとおり、『コレクター』誌時代からのライターで、本業は自動車デザイナーだったが、後に自動車評論家として活躍されていた。80年代ホビージャパンにはくろがね四起（註1）の記事などを書かれていた。当時、吉祥寺の喫茶店まで原稿を戴きに伺う際、面識が無いので、なにか特徴を教えて欲しいと言ったところ、佐藤社長から「行けば必ず判る」と言われ、半信半疑で出向いた。広い喫茶店を一望するとなるほど、どなたが五十嵐氏なのか一見して判別が付いた。顔中髭を蓄えたその風貌は、私が

註1
くろがね四起
日本内燃機（日産工機の前身）が開発した国産初の実用四輪駆動車、「九五式小型乗用車」の愛称。大日本帝国陸軍の小型軍用乗用車。

読者だった子供の頃に思い描いた専門誌などの作家のイメージそのものだったからだ。

十川俊一郎氏は、プロモデラーとしてミリタリーからSFまで守備範囲を持たれ、特にホビージャパンでは手間のかかるディオラマの作例を多く担当されていた。田宮模型のPR誌『タミヤニュース』やバンダイのPR誌『模型情報』などでも活躍され、通常は模型作りに使用しないモデリング・ペーストやアクリル絵の具などの絵画用マテリアルを多用する工作は注目度が高かった。

金子辰也氏も日本を代表するモデラーの一人だ。70年代のホビージャパンの中核を成すライターとして活躍された。ホビージャパンの転機の切掛けとなった'78（昭和53）年8月号の表紙のC-3POとR2-D2（註2）のディオラマも金子氏の作品だ。

その'78（昭和53）年8月号からは、ライターに山田卓司氏が加わった。普段は彼のことを山田君と呼ばせて頂いているが、彼とは日本工学院専門学校・芸術学部の同学年で、私はデザイン科で彼は美術科だった。彼は学生時代から田宮模型主催の「人形改造コンテスト」の常勝メンバーとして知られており、後にはテレビのプロモデラー選手権などで複数回の優勝を飾り、その名を広く知られることとなる。現在もホビージャパンのライターとして活躍する、言わば最古参ライターの一人だ。『HOW TO BUILD GUNDAM』にも付き合っていただいた。当初はディスプレイ関係の会社に籍を置きながら、モデラーとしても活躍していた。

表紙は本の顔

表紙は雑誌にとって重要な"顔"だ。特にレイアウトを仕事としていた頃、表紙が気に入っただけで多くの本を買った。ただ子供の頃は、表紙の構成や撮影センスなどは解るはず

註2
C-3POとR2-D2
『スター・ウォーズ』新旧3部作を通して活躍するドロイドの凸凹コンビ。第一作放映時で既に本作の代名詞となり得るほど愛されたキャラクターたち。多くのフィギュア玩具が生産され、当時はタカラ、MPCなどがプラモデル化した。

もなく、例えば前記もしたが、自分が持っているキットが表紙に映っていたらそれだけで買ってしまう、と言うように子供の購買衝動は単純だ。

しかし別の理由で創刊当時のホビージャパンの表紙には魅せられるものがあった。個人的に印象に残っているのは'70（昭和45）年3月号だ。当時小学6年生で、お小遣いは限られていたから毎号買うことはできなかったが、この号をミニカー売り場で見た時の鮮烈なイメージは忘れられない。2台の黄色いトレーラーのミニカーが錆びついた鉄材の上に置かれているだけなのだが、ミニカーと黄色く錆びついた鉄材の配色が絶妙で、当時の形容詞で言うと「グッと来た」というニュアンスだった。ミニカー・模型の専門誌なのだから、本来ならメインの被写体であるミニカーやプラモデルを大きくアップで撮影すればよさそうなものだが、当時のホビージャパンの表紙は総じて〝イメージ優先〟で撮られていた。商品自体の詳細よりも、商品のイメージを伝える〝広告写真〟に近いと言えるかも知れない。小学生から見ると、物凄く「大人っぽいなぁ」と感じて当然だろう。しかし'71年〜'73年となると迷走期となり、佐藤社長自らが撮影していた時期や、ミニカーやプラモを使わず、全面イラストとなった期間もあった。

その後も幾度かのイメージチェンジを試みて、70年代中期になるとホビージャパンらしさが感じられるようになってくる。

「当時のホビージャパンの表紙撮影は一日掛かりでした」と回想するのは、'77（昭和52）年から表紙の撮影を担当していたスタジオアールの藤井孝夫社長だ。当時から広告写真を多く手掛けていた藤井氏は、それと同じクオリティでホビージャパンの表紙撮影に臨んでいた。印刷に使用するカットは4×5や6×7（註1）などの大きなサイズのポジフィルムを使用していた。そのため撮り終わってもすぐにその仕上がりを観ることは出来ず、現像に出して翌日の確認となる。そのため撮影用に組んだ複雑なセットやライティング環境を変えず

註1
4×5や6×7
4×5（シノゴ）は4×5インチ（102×127ミリ）の大判フィルムとそのカメラ、6×7（ロクナナ）は6×7センチ判のフィルムの俗称。

にそのままにしておき、翌日クライアントのチェックを待って、問題がなければセットをばらす、という仕事の繰り返しであったため、1カットでもスタジオは2日間拘束された。

「ホビージャパンの表紙は随分と手間が掛かっていて、毎回新しいテクニックを使っていました。背景の絵と手前の模型は同時に撮影するのではなく多重露光でしたし、いちいちマスクを切って撮影したり、リアルな空などの背景は、別撮りしておいた風景素材をリアプロで投射したりしていました」

という複雑な手順だったと藤井は回想する。リアプロとはリアプロジェクションのことで、被写体を置いた背景の後ろから、別の情景やビジュアルを投影して撮影する方式だ。

また'79（昭和54）年になると、表紙の上半部がイラストで下がキットというパターンが定着するが、これはなかなか独特の世界観で、ホビージャパンの表紙、と言うと今でも私はすぐにこの時期のものを思い浮かべてしまう。

しかし後の'81（昭和56）年に至ると、スタジオアールは一時期、表紙の担当から外れてしまう。後述するが、当時スタッフが編集長と私しかいない時期もあったため、表紙素材一式を印刷所に入稿するのも時間が無くギリギリで、表紙の撮影も私が行うしかなかったのだ。

'81（昭和56）年3月号の「黒い三連星」のカットなどは、勿論フォーカスも合っているし露出も適正だが、興ざめするほど「当たり前」の仕上がりで、このような機会でもなければ永遠に黙っていたかったルーティンな仕事である。

タミヤとの断絶

'79（昭和54）年5月号、その事件は起きた。

ホビージャパンの特集記事の中で紹介された、田宮模型（以下タミヤ）の新製品について、酷評とも取れる記事が掲載されたのだ。タミヤは当時ホビージャパンにとって優良スポンサー、つまり1ページ大の広告を掲載してくれるありがたい出稿主だった。AFVを中心としたミリタリープラモは、すでにタミヤの牙城だった。1／35で統一されたMM（ミリタリーミニチュア）は、タミヤの象徴的商品群であり、地球の裏側の博物館にまで赴き、取材しての製品作りの姿勢は、自他共に許すまさにトップランナーだった。

それらMMシリーズに対して批判的とも取れる記事が出てしまっては、広告主としては看過できるはずはない。タミヤは当然訂正記事の掲載を要求した。しかしホビージャパン、いや佐藤社長はこれを拒否。この事案で両者の関係は最悪となり断絶にまで至ってしまった。

以降タミヤはホビージャパンへの広告の出稿を一切取りやめ、ホビージャパンはタミヤ製品の紹介を止めた。しかしタミヤは「静岡4社」（註1）と言われたプラモメーカーの一つで、毎月のように新製品をリリースする日本を代表するプラモメーカーである。タミヤのプラモデルを扱わないでプラモデル誌は作れないと誰もが考えた。特に当時のホビージャパンの誌面にはAFV、ミリタリー関連の記事が多かったのだ。

しかしその後、ホビージャパン誌上において、もし必要上タミヤ製品に触れる時は〝タミヤ〟とは書かず〝T社〟と記すという苦肉の策を取るに至った。何の説明もないまま、タミヤの新製品の紹介と広告が突如として誌面から消えていることに、読者たちは戸惑ったはずだ。

私が編集を手伝うようになった際もまず言われたことは、タミヤ製品に触れる時は〝T社〟と表記するようにと言う理解不能な指示だった。怪訝な顔をする私に、筑城がいたずらっぽい表情でその理由を説明してくれた。

だがこの件は、佐藤社長自身も実は忌々しき事態と思っていた。なぜなら…ライターの記事に目を通しながら、「どこが何ミリ長いとか短いとか、そういうマニア的な狭量な見地で

註1
「静岡4社」
まだ木製模型を作っていた'55（昭和30）年に設立された青島文化教材社、田宮模型、長谷川製作所3社による静岡模型教材協同組合に、フジミ模型を加えたウォーターライン・シリーズの共同開発4社の事。1／700で世界各国の軍艦をラインナップするにあたって、その数が膨大であることから、4社の分担作業とするという初の試みだった。同シリーズは'71（昭和46）年のスタート時点では第二次世界大戦時の旧日本海軍艦艇をプラモ化する企画であったが、後に外国艦艇もそのラインナップに加えられた。

はなく、もっと有意義な原稿を書くべきだ」という旨を、繰り返し発言されていたからだ。これは間違いなくメーカーとの確執から得た教訓だ。

しかしこのことは模型雑誌だけではなく、多くの商業メディアの永遠の課題だろう。自動車を扱う雑誌のメイン広告主は自動車メーカーだ。しかしそうした雑誌の存在意義は、どれだけ正確に、ある時は辛らつに、そして読者の賛同を得るかたちで新車などのレビューが出来るかに掛かっている。

例えば宇宙戦闘機のキットについて「今度の1／72の○○は全く素晴らしい。直すところなどない！　そのまま組み立てればＯＫ」とする模型雑誌と、同じ商品に対し「撮影用プロップの採寸から誤差があるし1／72に縮小する際のデフォルメのセンスに難がある。無理は言わないが、作者は90％自作するから付いてきて欲しい」とする雑誌の、どちらの模型誌に「権威」があるかと問えば言うまでもないだろう。

わたしも原稿を書く際に、どこが短いとか、機体が何ミリ分厚すぎるという記事を随分書いた覚えがある。しかしあるＳＦライターに、キットの作例を頼んだところにべもなく断られた。理由を問うと「そのキットを参考に１００％自作してもいいなら作例を作ります」と返された。彼の厳しい目だと、そのキットはすべてが少しずつ違うから、納得のいくイメージの作例を完成させるには完全に自作するしかない、と言うのだ。そう言われてしまっては身も蓋も無い。結局彼はライターを卒業して、ゼロから模型や建築物のサンプルを作る原型師になった。

このホビージャパンとタミヤとの対立はしばらく続いたが、やがて修復し、誌面にも以前同様、タミヤ製キットの作例が掲載されるようになった。

この事件がすべての元ではないと思うが、何時の頃からか佐藤社長の口にする「マニア」には、負のイメージがつき纏っていた。「マニア（なだけで）はダメですからね」と言う言葉は何度も繰り返された。

「このキットは素晴らしい。しかし私の主観だが、ここをこうすればより素晴らしいモノになるかも知れない」と、誘導すれば角が立たないのかもしれない。しかし限られた誌面で、円滑に解説し理解を得る言い回しを行うのは、なかなか難しい所だ。しかし「解説者とは、専門家でしか知り得ない特殊な情報や技法・知識を、理解し易く伝えることの出来る人」…とは誰の言葉だっただろうか。私自身もそのような記事を書く時には、この金言をいつも思い出すようにしている。

ホビージャパンはポストホビーに食べさせて貰っている？

70年代、いや80年代になっても、編集部は人の入れ替わりが激しかった。編集長が数年間で頻繁に変わるという目まぐるしさで、一度に編集スタッフ全員が辞めてしまうなどという事態も何度か繰り返された。そんな中、'19年の今日まで勤務を継続しているのは、筑城理江子ただ一人である。

人の出入りが激しい要因はと言うと、佐藤社長の喧嘩っ早い性格だけが原因ではない。入社当時、筑城は佐藤社長から「ホビージャパンはポストホビーに食べさせて貰っているんだからね」という趣旨の発言をよく聞かされたと言う。社会人になりたての二十歳そこそこの彼女に、どれほどその発言の真意が理解できたかは別として、机も椅子もポストホビーのものだ、などという発言も記憶しているという。

つまり、創刊当初の『ホビージャパン』は単独で決算したのなら採算は取れていたかは怪しかった、ということだ。全国誌とは言いつつも発行部数は一万部程度で、刷り部数の内30％程度はバックナンバーとして読者や書店からの注文に備え編集部に保管されることとなっていた。

ビジネスライクに考えれば70年代のどこかで、ホビージャパンは歴史を閉じていても不思議ではなかったかもしれないのだ。しかし佐藤社長は、業務的なそれを飛び越えた部分で『ホビージャパン』に執着していた。物凄く「一生懸命」であったし、私の僭越な主観も付け加えさせて頂ければ、間違いなく『ホビージャパン』を愛していた。もし採算が取れていなかったとしても『ホビージャパン』は佐藤社長にとっては、欠くことのできない存在となっていたのだ。

新規の取引先などに自社を紹介する際、ポストホビーの解説から始まるが、次に続くのが決まって「ウチには出版部門もあってですねぇ」から始まる『ホビージャパン』の紹介なのだ。そして後者の紹介の方が総じて、遥かに長いのだ。この点は前出の中田ルオ氏の洞察が当たっているのだと思う。ホビー商品の流通・販売を生業としているだけではなく、出版部門も持っていることで、理想のライフワークとして、初めて充足されていたのではないかと思う。つまり当時の『ホビージャパン』には、専属のスタッフ数名を常時雇用する程の余裕は無かったが、しかし継続する必要があったのだ。従って人手不足とオーバーワークが常態化しており、スタッフ一人に掛かる負荷も軽減されることは無かった。発行部数も横這いが継続していたのだから仕方がない。

しかし一方、ポストホビーの発展は目覚ましく、'69（昭和44）年11月には、ファッションビル「PARCO」池袋店内にポストホビー池袋店を開設すると、'75（昭和50）年8月には札幌「PARCO」店内にポストホビー札幌店を、'77（昭和52）年4月には大分「PARCO」内に、同年5月には津田沼「PARCO」に、続く7月には渋谷「PARCO」内に、'80（昭和55）年9月には吉祥寺「PARCO」内に支店を次々と開設。以降も新所沢、岐阜、と支店を増やし、着実に売り上げを増し、増収を続けていった。

まさに目覚ましい発展だ。'76年度の売り上げを当時の新聞記事では5億8千万円としており、第一号の代々木店の開店から数えて11年目にして38倍の売り上げとなったと報告している。

しかし'76（昭和51）年当時の『ホビージャパン』の定価は480円。9月号からは500円。さらに12月号は特大号となって750円だ。それらを基におおざっぱに売り上げを計算しても年間二千数百万円を少し超えるくらいであり、それらから制作費を差し引いた純利益ともなると大体の察しが付くはずだ。ポストホビーの売上と比べられてしまっては立つ瀬がないのは事実だった。

こうした状態のまま迎えた'78（昭和53）年、何度目かのスタッフの一斉退社が巻き起こった。しかし、この時の場合は労働争議による対立が原因であったため、筑城も含めほぼ全員が退社するという危機的事態へと至ってしまった。同居していたポストホビーからも退職者が出て、文字通り代々木駅前のビル7階に構えたオフィスは、もぬけの殻となってしまった。

筑城は'78年10月に結婚したばかりであったため、結婚退職も悪くないと考えた上での退職だったが、その筑城のもとへ佐藤社長からの手紙が届く。

この頃には筑城は入社10年に届くベテランであった。表紙のレイアウトからバックナンバーの発送、ライター陣の原稿料の算出まで、編集実務のほぼ全般を任されていたため、筑城がいなくては業務が一切回らず、窮した佐藤社長の最後の手段だった。結果、筑城は一ヵ月半程のブランクをもって職場に復帰。机も退社した際のそのままの状態で残されていたのですぐに業務を再開した。今回ばかりは毎月発売の継続が危ぶまれたが、なんとか難局を乗り切り、発行に影響の及ばぬ形での収束を見たのだった。

'78（昭和53）年、誌面内容の基本はそれまでと変わらずスケールモデル中心の構成だったが、5月号では「松本零士の世界（ｐａｒｔ３）」が巻頭特集となり、表紙は『銀河鉄道999』のメーテルを背景とした異色なものとなった。

オオタキ（註1）1／50のC-62機関車を999号に改造し、マスクを使って背景のイラストと多重露光で合成するという手の込んだもので、創刊号まで遡ってもなかなか他に類を見ないインパクトのある表紙となった。記事中では松本氏の『鉄の墓標』『オーロラの牙』『零距離射撃88』『夜の蜉蝣』『亡霊戦士』などの作品から四式中戦車や隼を採り上げげ、まんがの劇中仕様に作り上げている。7月号はブームを巻き起こしたスーパーカーを特集。

そして8月の特大号として、日本で封切られたばかりの『スター・ウォーズ』を目玉に据えた「ＳＦ大特集★スペースオペラ」を組んでいる。どちらかと言うとカウンターカルチャー的性格、或いは閉鎖的性格のあるプラモ・シーンに有って、プラモ周辺から逸脱しない範囲で時流に合わせた特集を果敢に組んだという事である。

『スター・ウォーズ』は本国アメリカで、そして日本でも大ヒットを記録した、いわゆる流行の先端であり、また米国ＭＰＣ社からプラモデルが発売された為、ホビージャパンの取り扱い範疇のコンテンツだったのだ。

表紙になったC-3POとR2-D2、続く巻頭カラーページのX-ウィング・ファイターとＴＩＥファイターは、ＭＰＣ社のキットを使用。その他にサンドクローラーは十川俊一郎氏がプラ板にてスクラッチ・ビルド。山田卓司氏がタミヤ1／12フィギュアを改造してダース・ベイダーとベン（オビ＝ワン）・ケノービを製作している。

表紙の砂漠に立つC-3POとR2-D2は公開当時、アイコンとして多用されていた構図であるため、人目を引くビジュアルとしてはうってつけだった。この砂漠の黄色い砂は、当時撮影を担当したスタジオアールの隣にあった公園から拝借したものだそうだ。また、そ

註1
オオタキ
大滝製作所は日本のプラモメーカー。カーモデル、航空機、戦艦等ジャンルの広いプラキットを生産していたが、中でもプラキットとして電気機関車シリーズやＳＬなどを生産しており、他社があまり手を出さないジャンルとして今でもマニアの収集の対象となっている。

の表紙の撮影メイキングを載せるなど、それまではあまり見られなかった”くだけた“バラエティな流れが見え始めた。

'79（昭和54）年の2月号からは、「歴史画」の第一人者と言われた中西立太氏の硬派なイラスト（全20回のうち7回は大西将美氏による）と、その手前に戦車や装甲車を配した構成が絶妙な表紙となり、独特の世界観を作り出していた。ほぼ毎号ディオラマの製作が行われ、より手間と技術の必要な工作を推奨して行く。7月号では「ソ連軍日本上陸」と題した迫真のディオラマを製作。特集に合わせた小林源文氏の劇画も掲載している。またタカラから発売された『キャプテンハーロック』（註1）の1／1500アルカディア号も掲載されていた。

続く8月号は創刊10周年ということで、通常118ページ、500円のところ138ページ、750円の夏の特大号として「the Diorama」特集となった。定番のミリタリーディオラマは『バストーニュ』をテーマにした。リアルタイムの人気映画として『ビッグ・ウェンズデー』（註2）『スーパーマン』（註3）を採り上げるなど大変バラエティに富んだ構成となっていた。ここでも前年の8月号と同じく表紙撮影のメイキングをコミカルに紹介するなど、新しい流れを感じさせる構成だった。

私の記憶が正しければ'78（昭和53）年8月の「SF大特集★スペースオペラ」号は、創刊以来初の売り切れ号となった。翌年'79（昭和54）年8月の「the Diorama」特集号はバックナンバーが品切れになるほどの好評ぶりだった。他の号は編集部にバックナンバーとして保管されていたので問題なかったが、この二冊を持ち出そうとすると、在庫がないからそれらだけは持っていくな、と声が掛かったほどだ。

後述するが、'80（昭和55）年初頭から編集を手伝いだした私としては、発行部数が理想に届かないことが常態化している中で、それならバックナンバーが無くなった'79（昭和54）年

註1
『キャプテンハーロック』
『宇宙海賊キャプテンハーロック』は、松本零士原作の漫画。それを原作としたテレビアニメ。青年誌である『プレイコミック』誌においての漫画連載が先行したという珍しいスタートだった。当時タカラが玩具とプラモデルを発売した。

註2
『ビッグ・ウェンズデー』
『Big Wednesday』はジャン＝マイケル・ヴィンセント主演による'78年制作のアメリカ映画。日本では'79（昭和54）年公開。60年代初頭のカリフォルニアを舞台としたサーフィン映画。水曜日にやって来ると言われる伝説の大波”ビッグ・ウェンズデー“に挑戦する青春物語。しかし劇中のクライマックスシーンはカリフォルニアではなくハワイで撮影されたものだった。

註3
『スーパーマン』
クリストファー・リーヴ主演による'78年版のアメリカ映画。スーパーマン誕生から宿敵ルーサーとの対決が描かれた本作は大ヒットを記録し、同キャ

ラクターが再び注目を集めるきっかけとなった。作例ではプラモデルは70年代のモノグラム社のキットを使用していた。

8月号のようにディオラマ特集と楽しいバラエティ的内容の企画を再度行うべきではと主張したが、それは製作カロリーが高く毎号実行するのは難しいとの返答が返って来た。それならもっと単純に、初の売り切れとなった『スター・ウォーズ』の特集を、ある意味臆面も無く再発・多発すべきではと進言すると、一過性の盛り上がりだろうから見送るのが適切との返答が返って来た。

今更になってこれら当時の風潮を悪癖、と指摘するのは実に卑怯だが、すでに説明したように『ホビージャパン』は良くも悪しくも堅調なポストホビーに守られていたのだ。後年、ホビージャパンを離れ、他の出版社と仕事をして、その貪欲さに驚いた。書籍にとって、出版事業にとって、発行部数は命である。しかし当時のホビージャパンは、この貪欲さに欠けていた。

恐らく佐藤創業社長は、ほぼ毎年のペースで流行の先端のファッションビルである「PARCO」内に新店舗を出店し、発展し続ける堅調なポストホビーの存在が『ホビージャパン』の奮起する機会を奪っていたとは考えなかったのだと思う。全ページのレイアウトを請け負う事になったため、締め切り間近ともなると終電の連続となったが、「部数を増やすアイデアは無いのか！」とは一度も言われたことが無かったのだ。しかし、それでも本誌部数が飛躍的に伸びる千載一遇の機会はやって来たのだった。

'80年4月号掲載の十川俊一郎氏による連載「ディオラマ実戦講座」。ミリタリーモデルをメインに活躍する十川氏だったが、フルスクラッチの方法や模型用素材の解説など、ハウトゥ的な記事でも大いに活躍した

ホビージャパン誌上で多くの劇画を発表した小林源文氏の代表作『黒騎士物語』は'82年3月号から'83年7月号まで連載。'85年には単行本化もされた

'78年8月号より。現在ではディオラマモデラーとしてその名を知られる山田卓司氏だが、デビューは意外にもディオラマではなく、1/12フィギュア改造によるダース・ベイダーとオビ=ワン・ケノービだった

第3巻　第8号　通巻第24号　定価200円(〒50円)
昭和46年8月1日発行(毎月1回　1日発行)
今月号の協力執筆者　安東亜音人＋秋本 実＋井出隆弥＋大村鐘太郎＋大塚康生＋小田 徹＋小橋良夫＋高島鎮雄＋吉留正明＋佐藤欣志＋杉崎英明＋水島弘二
表紙　深津武彦　イラスト　大塚やすお　戸山黎　宮崎はやお
発行人　佐藤光市　編集人　荒井美喜
発行所　株式会社　ホビージャパン
東京都渋谷区代々木1の38　振替・東京106531番
郵便番号151　電話03(379)4328(代)
印刷所　第一資料印刷株式会社
凸版印刷株式会社
三共グラビア印刷株式会社
HOBBY JAPAN is published monthly by Hobby Japan Co.,Ltd.
1－38 Yoyogi, Shibuya－ku, Tokyo, Japan.
ホビージャパン　1971年　8月号

'71年8月号の奥付より。スタッフ紹介欄に大塚やすお(康生)、宮崎はやお(駿)両氏の名が確認できる

アナログ時代の編集作業

令和の現在、編集作業の大半がデジタルに移行してすでに久しい。しかし70年代の編集作業の実態は、現在のそれとだいぶ状況を異にしていた。本文中で「編集作業」「レイアウト」「入稿」「写植」などと言う文言が頻出するが、それらは基本的に70年代の編集実務の表現だ。ここで一応当時の編集のあらましを解説しておきたい。

『ホビージャパン』の誌面の大半は、ライターと俗称される執筆者が、プラモデルを製作し、同時にその工作方法を文字原稿にて解説したテキストによって構成される。特殊な例を排除すると、ライターと編集部との打ち合わせや、雑談、あるいはプラモデルメーカーからの依頼などによって掲載するプラモデルなどを選定し、ライター諸氏にその作例の組み立てや製作、そして作例の記事とを依頼する。作例のポイントや納期を決定し、よほどの事がない限りは完成まではお任せとなる。

依頼を受けたライターは、自身の知識と工作スキルとを活かし、作例を製作する。同時に35ミリフィルムカメラを使用して、工作途中の様子（途中写真と俗称していた）を記録・撮影する。そして工作工程を原稿用紙に手書きで纏める。70～80年代にはホビージャパンのロゴの入ったホビージャパン専用原稿用紙もあったので、それを使用する場合もあった。

完成すると編集部は、ライターから作例、途中写真の未現像フィルム、そして手書きの原稿を受け取る。当時はライターの多くがサラリーマンであったため、帰宅途中にそれらを編集部へ持参してもらうことも多かった。勿論期日どおりに製作作業が終了すれば問題ないのだが、そこはなかなか難しく、ライターは副業的に行っている場合が多かったので、予定よりも数日延滞する事も考慮に入れる必要があった。本来はなにかのアクシデントも考慮し、通称"貯め稿"と呼ばれる予備の記事原稿、つまり貯め置いておく原稿を数点準備しておくのだが、それらはあっという間に使われてしまい、タイムリーで役立ったためしは一度として無かった。

作例をライターから受け取る際には作例の注意点などを聞き、完成品は編集部、あるいは撮影スタジオでの撮影へと回す。編集者は次の段階として、手書き原稿をレイアウトマン(デザイナー)に渡すために、原稿内容の整理、句読点の追加、不必要と思われる部分があれば削除、行の折り返し指定などなどを赤い鉛筆にて原稿用紙に直接記入する。そして最も重要な文字数を算出する。当時のホビージャパンの本文は1行が16文字で折り返すので、すべての文章を16文字折り返しの指定を入れ、45行を一段として計算する。一ページには3段入るので、1ページに文字だけで最大2160文字入ることになる。また途中写真にはそれに附属するネーム、或いはキャプションと呼ばれる解説文を付ける。本文よりもスケールが2回りほど小さい文字を選定するのが適切で、本文は明朝体、ネームは大抵ゴシック系の書体を用いていた。このネームは編集者が付記する場合が多い。

「栈をエアブラシで塗装するため、キャノピーにマスキングした状態。切り抜くには先の尖ったエグザクトのカッターなどを使用している」などと写真ごとに適切な解説を付記し、途中写真をより具体的に解説することに努める。原稿には最後に工作の内容を象徴するタイトルや小見出し、キャッチなどを書き加える。例としては…。

見出し——新製品紹介

アオリ────大戦中の最強戦闘機をキミの机の上に！
タイトル────ウィングスパン47㎝!! 迫力のマスタング上陸!!
キット────エアフィックス1／24　P-51D戦闘機

などなどだ。

ネームを追加し、指定が書き込まれた原稿用紙と、現像が済んで紙焼きとなった途中写真、スタジオで撮影が完了したポジフィルムなど、当時の編集素材はすべて実体として手で触れられるものばかりだった。これら素材一式を、最後にレイアウトマン（デザイナー）が原寸の見開き2頁大のレイアウト用紙上に鉛筆で書体の大きさ、写真の配置を指定していく。これがレイアウト作業で、基本的には本の総ページ分の作業を行う。

レイアウト用紙には、16文字折り返し、45行×3段の合計2160文字分の基本配置の「コマ」が印刷されていて、特殊な誌面構成でない限りはこの「基本」のフォーマット内に文字と写真の配置を行う。

使用する写真も縮小拡大、あるいはノーマルで使うのか、コントラストを増すのか、60％にしてその上に墨文字を載せるのかなどなど、本として完成した状態を予測して指定していく。

さらにレイアウトマン（デザイナー）は原稿用紙に、タイトルや見出しの書体とスケールを追加指定する。タイトルにはタイトル用の書体があるため、例えば46級フーツラボールド、右に傾斜させるのなら右斜体20％と指定するなど、誌面の可読性と見栄え、デザイン性を考慮し、可能な限り短時間で処理、指定していく。

基本、記事は見開き2ページ単位で構成されるが、6ページ、8ページ、或いは十数ページと継続することもあるため、よほど手慣れないと渡された手書き原稿、プラス多数の写真、或いは図面、資料写真などを均等にページに割り振りし、既定のページ数で1文字も余らずぴたりと収めることはできない、経験とセンスとが必要な仕事だった。しかも途中下1／3に広告などが入る場合や、急遽ページ数が増減することもある。またカラーページはこれに加えて4色分解した際のCMYKによる印刷用の色指定も必要となる。Y（イエロー）は黄、M（マゼンタ）は赤、C（シアン）は青、K（ブラック）、つまり墨版だ。必要に応じてカラーチャートなどを添付する必要もあり、複雑なカラーページの指定となると、版下の上に何枚もの色指定のための指定用紙を貼らなくてはならなかった。

写真の配置をレイアウト用紙上に書き込むには、「トレスコープ」と言う専用機材によって、写真をガラス面に投射し、ハンドル操作で拡大率を変え、レイアウト用紙に鉛筆によってアウトラインを正確にスケッチする必要があった。なぜなら戦車の砲身や航空機の翼をよけて本文を配置する場合などは、1ミリ単位での正確な配置指定が必要となるからだ。

今日振り返ると、すべて手作業による、なかなか手間のかかる作業だったが、それらの記入、指定の方式や使用する専門用語は、かなり詳細な部分まで全国的に統一されて、概ねそれらは現在でも変わらない。

ここまでくると終わったような気分になるが、この後、手書きの文字原稿は「写植屋に出す」必要があった。写植とは写真植字の略称で、その発明以前は金属製の「活字」を使用していた時代だった。活字の場合100文字の文面を組み上げるには、100個の活字が必要で、さらに大きさ、書体などを取りそろえると膨大な数の活字とそれらをストックする空間、そして短時間でその膨大なストックの中から指定された大きさと書体を選び、文面どおりに配列し組み上げる作業が必要だった。それを可能とするのは熟練の職人技と根気とに外ならない。

例えば頻度の高い〝あ〟の活字は同じ書体、同じ大きさのものを大量に用意しておく必要があった。かつては、書籍や新聞紙面はこの工程を経て印刷されていた。さらに日本語の文章においては、欧米とは異なり漢字、平仮名、カタカナ、そしてアルファベットまで混在する場合があるため、活字は膨大な数必要だった。写植はそれら手間のかかる作業を一気にスリム化、軽カロリー化した革命的一大発明だったのだ。

活字で構成された文面は、そのままインクを付け印刷する場合と、それを基にして印刷用の〝版〟を起こして印刷する場合があった。しかし写真植字は、金属製の活字を透過性のフィルムに置き換え、写真を印画紙に焼き付ける原理と同じで、透過した文字の形だけが白い印画紙の上に黒く焼き付けられるという新技術だった。レンズを介して文字の大きさは自由自在に変えられるし、右や左に傾斜させることも可能であり、また活字と違い〝あ〟という文字版が一つあれば、〝あ〟を際限なく幾度でも印画紙上に焼きつけられることが出来る、画期的な新技術だった。

それら印画紙をレイアウト用紙の指定どおりの位置に貼りこめば、製版のための〝版下〟が完成する。〝版下〟とは印刷用原稿の最終状態で、白い厚紙に写植の文字が貼りこまれ、写真や図版の「あたり」が貼りこまれ必要な罫線などが書き込まれた台紙のことだ。その後に写真や図版を網点に分解するなどの複雑な製版工程を経て製版フィルムの作成、印刷、製本と続き、ようやく一冊の本が出来上がるのだ。今でも新聞の事を〝活字媒体〟と称したり、文章が本になる事を〝活字〟になるという比喩だけが残されているが、80年代、例外を除いては大半の紙媒体の印刷物がこの写植によって成り立っていた。

このようにだいぶ速足で解説してみたが、お分かりのように、本になるための要素をかき集め、それらの素材を印刷手前の状態にして印刷所に〝入稿〟するまでが、編集部における編集者の仕事だった。思いのほか手数と手間と時間を要する作業の連続だ。それらはどのように圧縮したところで簡略化には限界があり、スタッフの頭数か、外注の複数化などで補うしかなかった。

また書籍の制作・編集には専門用語が多く、ページ数のことをノンブルと呼ぶのに始まりナール、明朝、ゴシック、フーツラボールドなどなどの数えきれない書体の形（しかもこれは年々増えていく）、級数やポイント数で表される書体の大きさ、それらを左右に傾斜させるパーセント指定、文字どうしの字間、行間を表す行送り、歯送りに、頭ぞろえにけつぞろえと言った文章の配置の形態。文字の配列位置を示す二行取り中央、罫線の名前は子持ち罫…などなど、聞いただけでは理解できないものばかりで、このようにカメラマン、写植屋、レイアウトマンなど入稿までには複数の専門職の手を経る必要があった。

また当然ホビージャパンなどの専門誌においては、これにさらにミニカーやプラモデルといったホビーアイテム、それらの工作技法の詳細、業界の構図などなど、様々なことを熟知していないと仕事に支障を来すので、当時、編集員を直ちに補填しようとしてもなかなかおいそれとはいかなかったのが実情だ。

印刷工程

編集者は編集作業が終わると最後に、印刷所にそれらすべての素材を手渡す。このことを「入稿」と言うが、これが終わると、印刷所はそれら素材を基に印刷用の製版フィルムを作製する。印刷用のフィルムが出来上がると、最終的に誤字はないか、間違いがないかの確認のため、印刷所はフィルムを感光紙に焼き付けた「青焼き」と呼ばれる確認のための印画紙を出す。製版用フィルムの複写物ということだ。これが最終の「青焼き校正」と呼ばれるもので、誤字脱字をはじめ、写真や図版の入れ違い、それらの濃淡などが指定どおりになっているかを確かめる最後の機会となる。時間がない場合は印刷所に出向き、印刷直前の数時間で校正を済ませなくてはならず、これを「出張校正」といい、私のいた80年代初頭、当時に限っては間違いなく毎月、時間に余裕がなく「出張校正」となっていた。

さらに入念に印刷状態を確認する場合は、「刷りだし」と呼ばれる試し刷りが行われる。これは印刷機（輪転機）に掛ける前に必要なページだけを試しに印刷するもので、時間に余裕のある場合や、広告などをクライアント（広告主）に提示する場合に実行された。

印刷所はこれら「製版」「印刷」工程を一手に引き受けるので、会社の規模にもよるが、相当のハードウェア、インフラを要する。当時『ホビージャパン』の印刷は神楽坂にある三共グラビヤ（現三共グラフィック株式会社）が請け負っていたが、同社を訪れると巨大な工場に立ち入ったような感覚で、24時間轟々と印刷機の稼働する音や、インクや印画紙の現像液などの独特の刺激臭が漂っていた。

その後は、輪転機を回すなどして誌面を印刷する。ページ数や刷り部数にもよるが、実際輪転機を回している時間、つまり印刷自体の所要時間は驚くほど短い。こうして刷り上がった印刷済みの誌面は16ページごとの結束となって、外注の製本所に送られ、そこで一台（16ページごとの束）ごとに正確な順で一冊にまとめられ、既定の大きさに裁断されて本が完成する。

以上のようになかなか複雑な工程なので、毎月大なり小なりのミステイクやトラブルは起きるが、80年代のある時、印刷が完了し、各ページが結束となった時点で、広告にミスが発覚した。後は製本を待つばかりの状態に至っていたので、刷り直しなどはもはや出来ない。残された方法はただひとつ。製本手前で作業を止めてもらい、編集部総出で製本所に向かい、白いマスキングペンを用意し、広告のミステイク部分を白く塗りつぶすことが唯一の策として選択された。

当時の発行部数は一万数千部だったが、製本所に赴くと、腰位の高さで積まれた製本前の『ホビージャパン』が体育館の半分ほどの面積を埋め尽くしていた。それを目のあたりにした時には気を失いかけた。途方もない手間のかかる作業となることは必至で、自分たちの本の総量というものを実感したのと、深夜にもかかわらず、余計な手間を取らせてしまった申し訳なさのためだ。自分たちの本に自分たち以外の多くの人がかかわっていることは、普段は全く意識の外で、こうしたアクシデントでもない限り意外と実感できないものだ。製本所のスタッフにも手伝ってもらい深夜から明け方まで掛けて必要な部分の塗りつぶし作業を行い、その後製本工程を再開して頂き、何とか取次店のトラックがやって来る朝までに作業を終えた。思い出したくないが、忘れられない思い出だ。

しかし現在、これらのデザイン、レイアウトなどの工程は、レイアウトソフト一つで完結する作業にまで軽減されている。写真もデジタルカメラによる撮影になり、すべてがデジタルデータによって処理されるようになった。

写真もイラストもテキストも、最終的にはデジタルデータ化して印刷所に手渡す（送信する）時代なのだ。私自身も'13（平成25）年から『ホビージャパン』で連載を持ったが、最初の2〜3回までは「紙」に「サインペン」でイラストを描き、そのイラスト原稿をスキャナーでスキャンしてデジタル化していたが、それ以降はすべて最初からイラストソフトによりモニターの中で作画し色を塗り、文字原稿もすべてデジタルデータとなり、最終的に編集部の担当者宛にインターネットを介して纏めて送信する、という作業を行っている。もしも再び当時のように、原稿用紙に文字を書き、イラストはペンや筆で紙に描け、と言われたのなら、何日間かのリハビリ期間が必要となるかも知れない。かつては１４０ページの本を作るには１４０ページ分の〝版下〟が必要で、それら1ページにつき指定用紙が添付され、プリントアウトされた図面や写真が数十点付属していたのだから、例えば'79（昭和54）年当時の『ホビージャパン』１３６ページ分の印刷所に「入稿」する素材一式は、一人で持てる重さを超えていた。そして校正用の「青焼き」は全ページ分、二部か三部ずつプリントされて編集部へと届けられていたのだから、一冊の本が出来るまで大量の紙と手間とを要していたのだった。

現在でも全くペーパーレスとなったわけではないが、大半のデザイン、レイアウト作業がデジタル化されたことにより、スリム化され簡略化されたのは事実だ。

よく耳にするDTP（Desktop publishing／デスクトップパブリッシング）とは、かつての文字の〝活字化〟から誌面のレイアウト作業までをパソコンで行い、プリンターで出力するまでの作業一式のことを示し、現在の編集現場で主流となっているシステムである。DTPなら集められた本文原稿やビジュアル素材（写真、イラスト、図面など）を印刷状態とほぼ同じ状態として出力するまでの工程を、1人のオペレーターで賄うことも出来るのだ。

かつてのすべてを紙の上に指定していた時代と対比すると、まさに隔世の感がある。ただ、スタッフやオペレーターに複数のスキルや経験が必要とされるようになったため、単純に作業が「簡単」になったとは言い難いが、しかし大量の指定紙や紙焼き写真の山の中で奮闘する図は、過去のものとなった。

● アナログ時代の誌面レイアウトの例 資料提供／WIDE

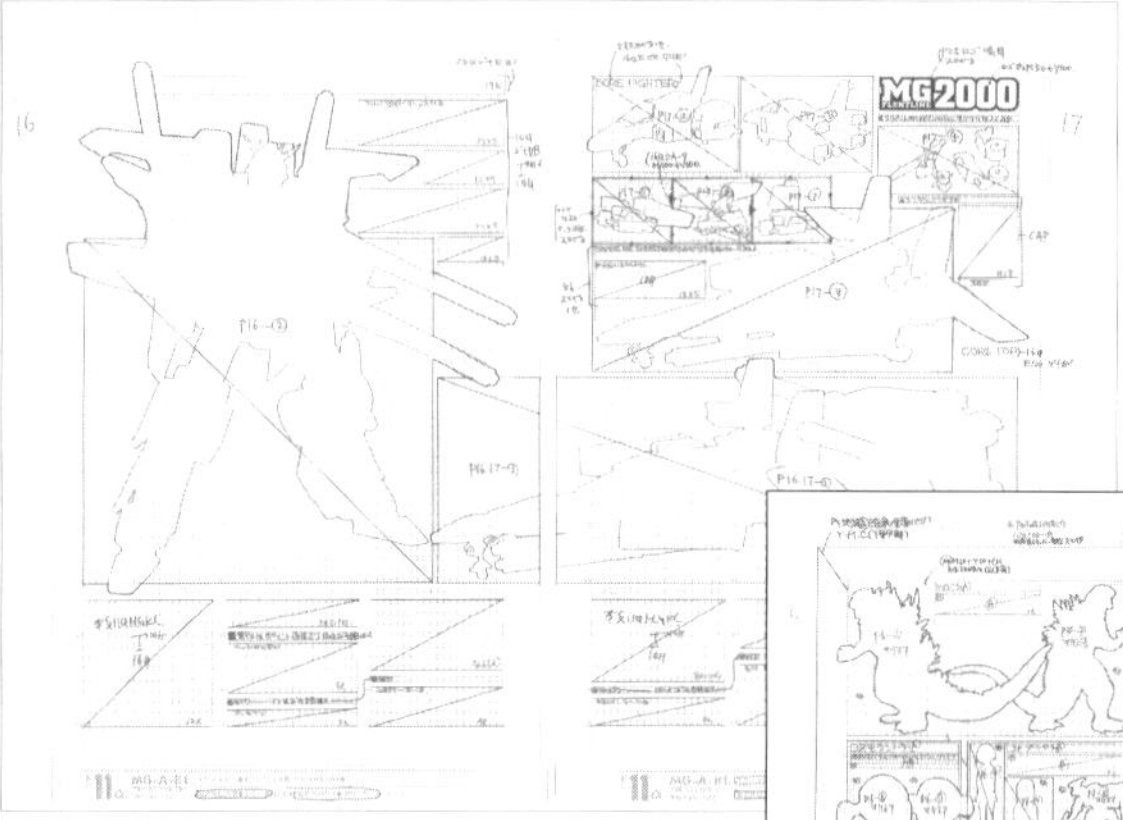

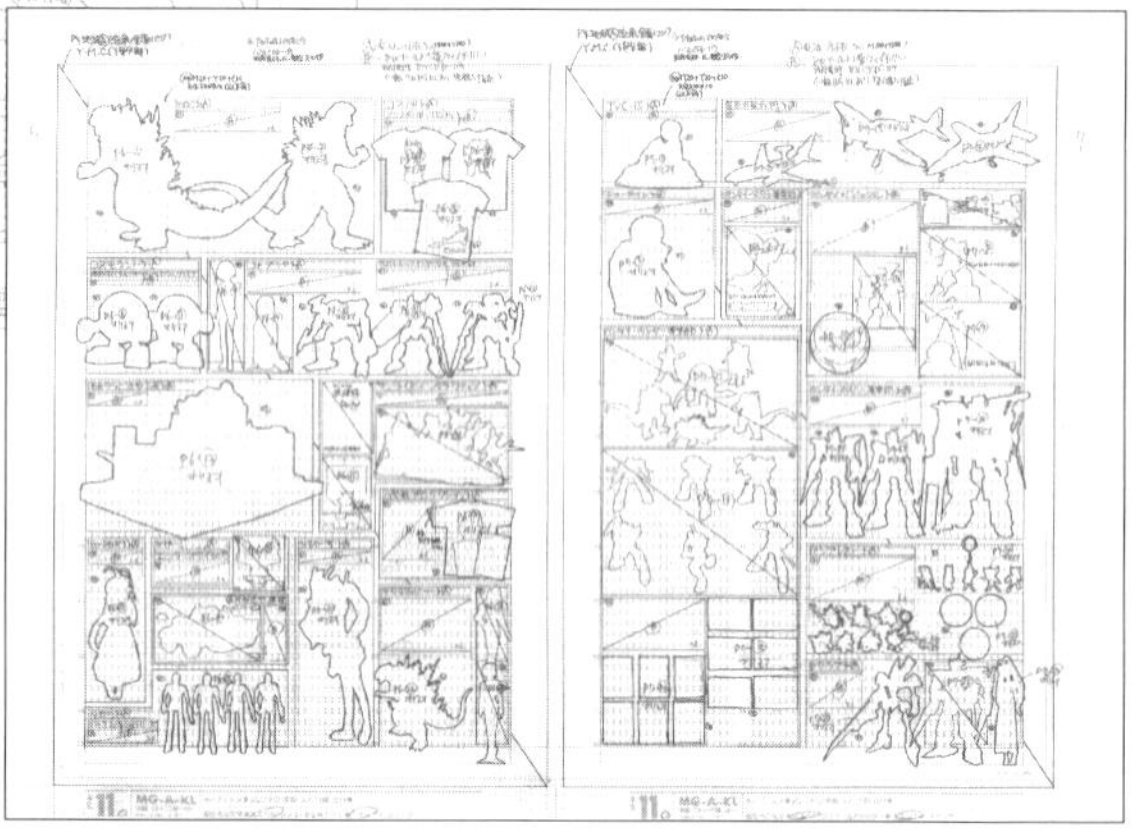

月刊ホビージャパン2000年2月号より。デジタル化以前の誌面は編集者の用意した原稿、写真、ラフレイアウトを基に、デザイナーが手描きで写真のサイズや原稿の位置、文字の書体やサイズを指示した割付用紙を作成した

実際の記事

実際の記事

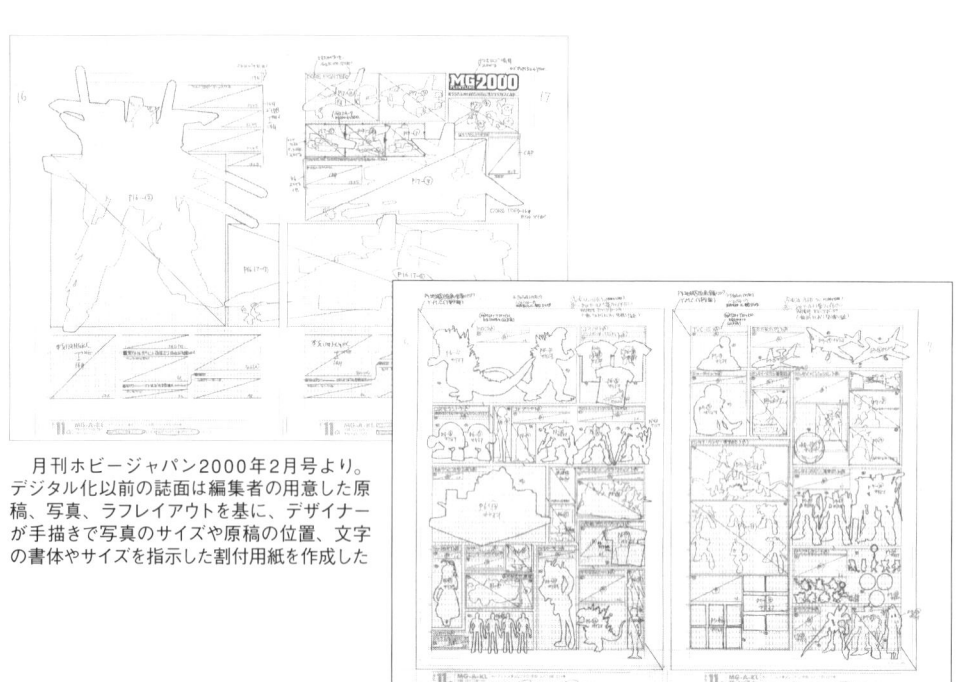

●月刊ホビージャパン カバーギャラリー 1969-1984

雑誌の顔、カバーアートで見るホビージャパンの変遷

ここでは本書で採り上げた創刊号から1984年までのホビージャパンの表紙と、各時代を代表する当時の印象的な記事をピックアップしてご覧いただこう。

1969年

輸入ミニカーの専門誌としてスタート。表紙はミニカーと、任意に選ばれたアイテムで構成されており、アダルトでちょっとシュールだが、当時のミニカーの置かれた社会的地位を表している。子どもの玩具ではなく「大人が集める高級コレクションアイテム」である事を強調している。

1970年

1～8月号まではミニカーオンリーだが、9月号から輸入プラモが登場。年末まではミニカーとプラモが同居しており撮影のテクニックも非常に凝っている。10月号は背景の赤白ストライプが放射状に見えるため、一見日章旗に見えるが、実はパースの付いた星条旗で、なかなか鮮烈な表紙だった。

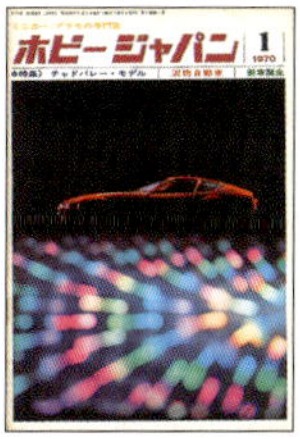

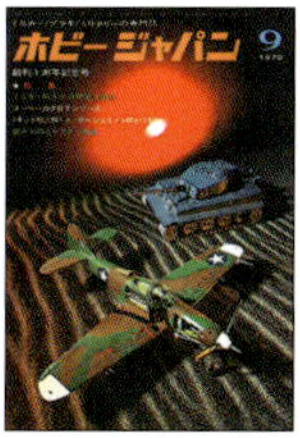

1971年

表紙としては混乱期と言える。ホワイトイメージの背景に、カーモデルや戦闘機の真上、側面を配列したイメージは、バラエティ的だが今一つ落ち着きが無い。ただ2月号だけが突然70年代のパターンとなっているのは謎。そして9、10月号は突然イラストになり、11、12月号はミニカー専門誌に戻ったようなイメージだ。

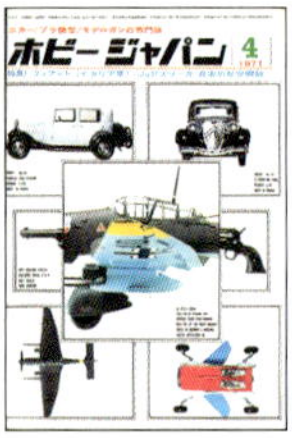

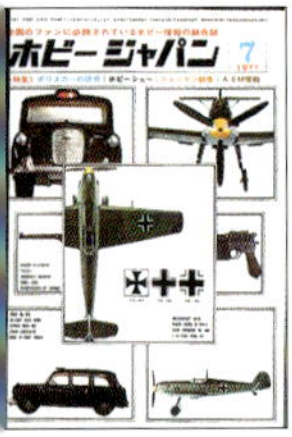

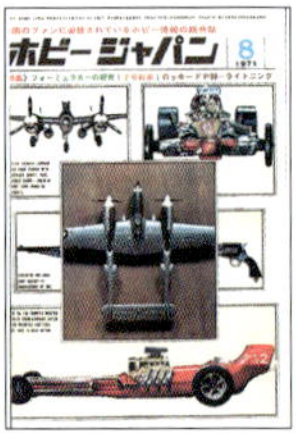

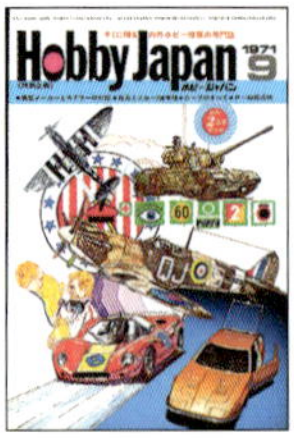

1972年

どうしたわけか表紙の印象だけで見ると'72年はパワーダウンが否めない。プラモデルがメイン、ミニカーがサブというイメージとなっているが、撮影テクニックも平板である。しかし10月号でミニチュアを使ったウォーゲーム「アクチュアルウォーゲーム」が表紙になったのは注目だ。

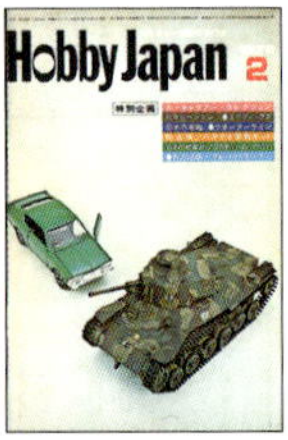

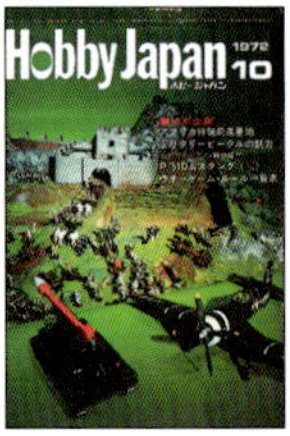

1973年

'73年の表紙には迷走感がある。3月号まではプラモデルとミニカーなどが混在しているが、4～8月号は漫画のコマ割りのように分割が成され、一番大きなコマをプラモデルが占領している。このパターンを数回で辞めたのは、おそらく不人気だったのだと思う。9～12月号からはこの後3年ほど続く定番の「黒い背景にスポットライト」的パターンが始まる。

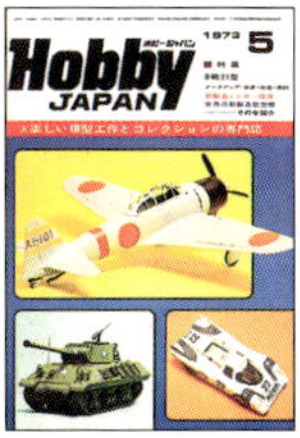

1974年

前年までの、商品写真のような説明的な表現を避け、イメージも豊かなものとなる。3月号のBMWは、縦位置にも多重露光で白い車体が焼きこまれイメージ広告のスチールのようだ。10月号のF-100の背景の空虚感などは、情報を詰め込みたい表紙においては贅沢。総じてプラモデルが安っぽく写らないように腐心しているようで、それには成功している。

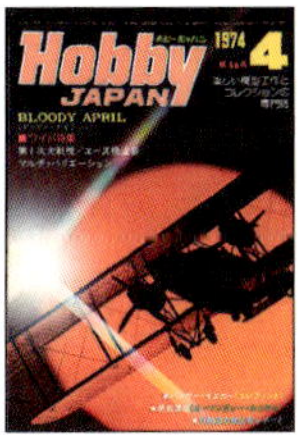

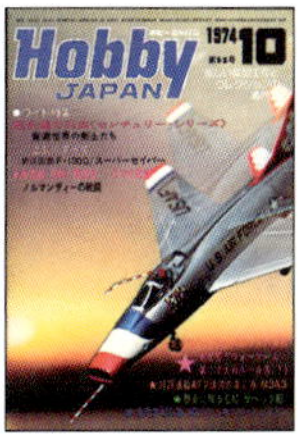

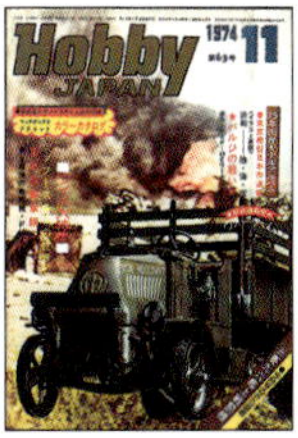

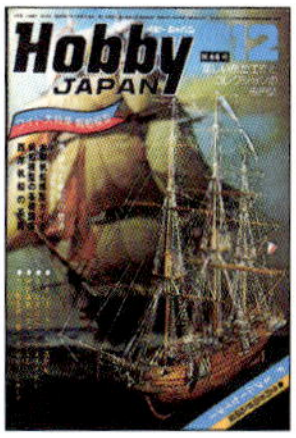

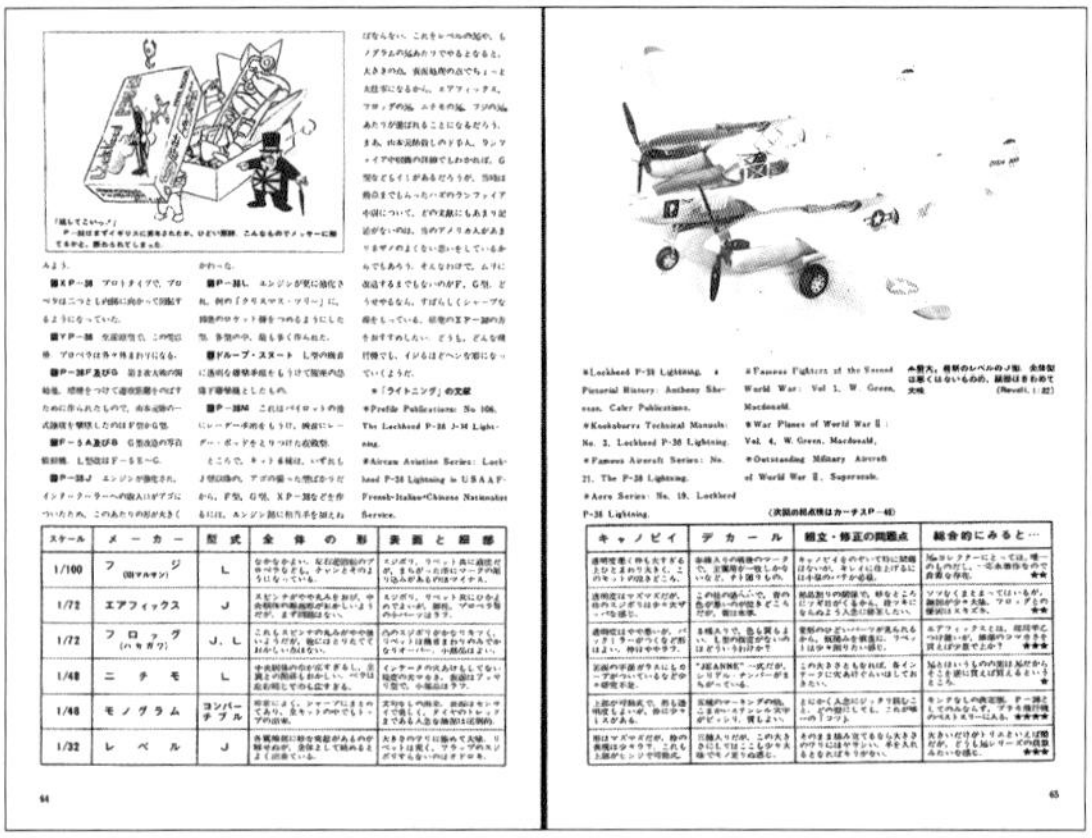

1971年8月号

毎回飛行機から1機種を採り上げ、各社から発売されているその機体のプラキットをさまざまな角度から解説する連載「キット総点検」より。コミカルな1コマ漫画を手がけるのは「宮崎はやお」こと宮崎駿氏である。

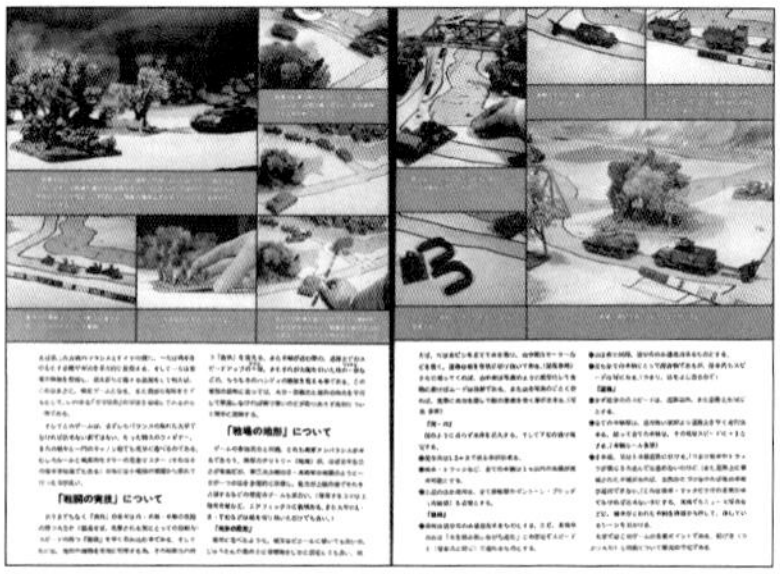

1972年4月号

ミニチュアを使用したアクチュアルウォーゲームはホビージャパンが日本でいち早く紹介した。

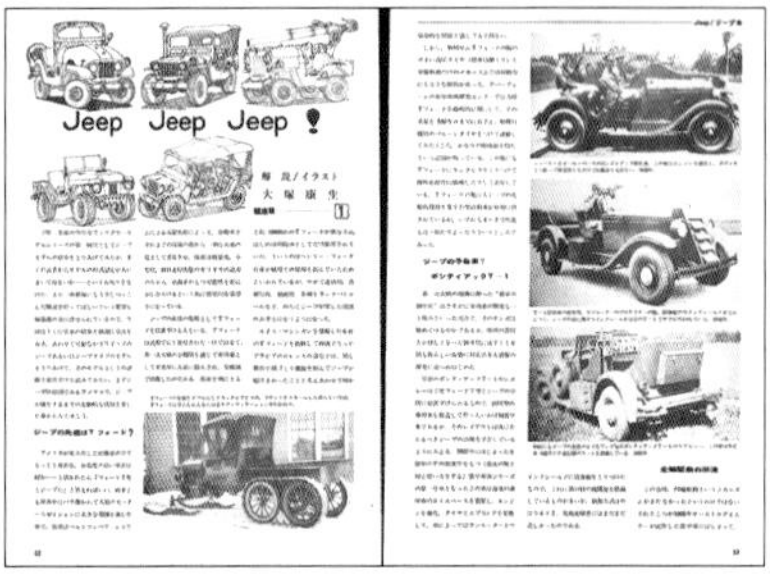

1971年9月号

ロゴも刷新され、ページ数も大幅増となった創刊3周年記念号からは、後に単行本化もされる大塚康生氏の『Jeep Jeep Jeep!』の連載もスタートした。

1973年12月号

本誌初のディオラマ特集を飾った、巨大ディオラマ「アルデンヌ1944」。製作はミリタリーモデル界の伝説となった模型サークル、カンプ・グルッペ・ジーベン。

1974年9月号

韓国駐留米軍第2歩兵師団所属のM113。このようなモデラーに向けた実写資料もたびたび掲載された。

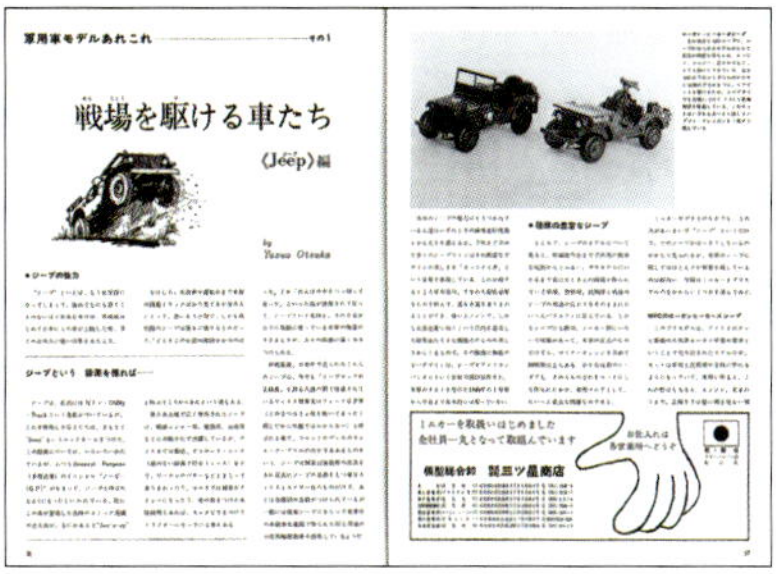

1969年9月号

創刊号にはすでに大塚康生氏もライターとして参加。軍用車をテーマにさまざまなミニカーを自筆のイラストを交えながら紹介した。

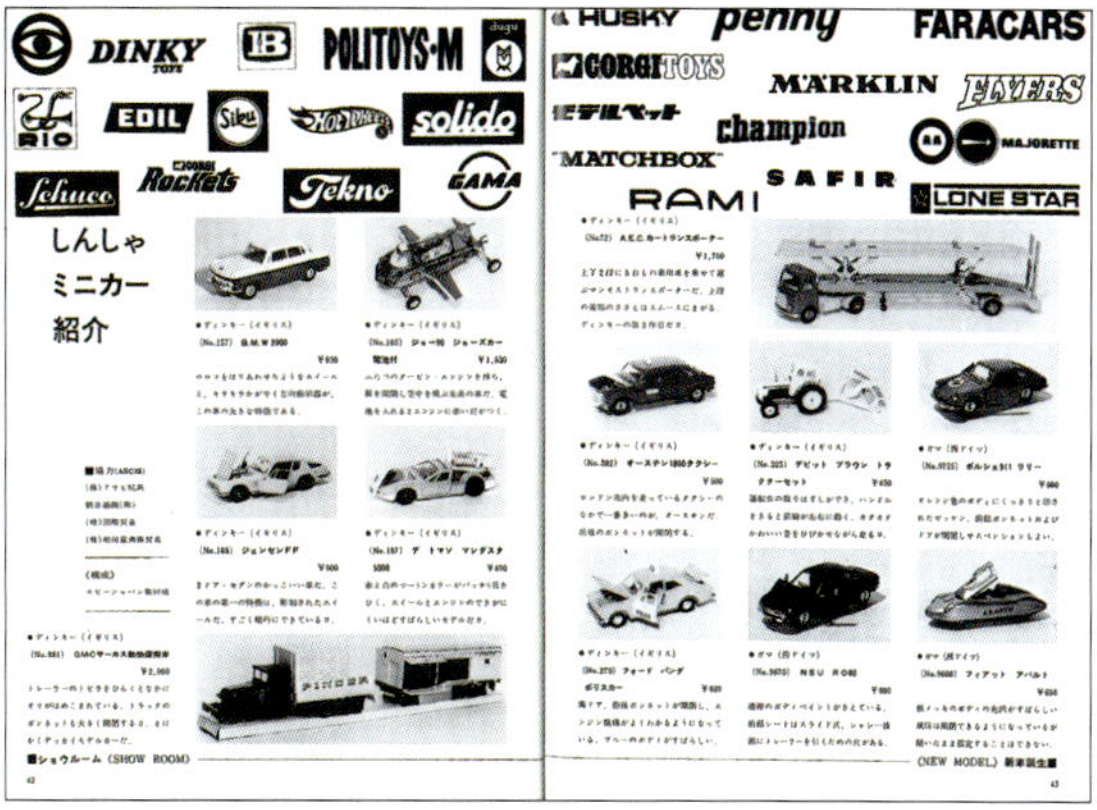

1969年9月号

ミニカー専門誌らしく、各社の新製品紹介には多くのページが割かれている。

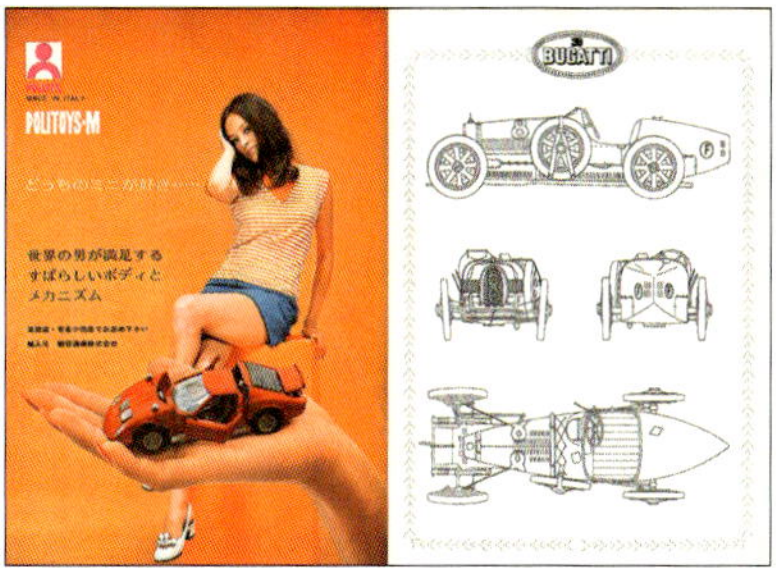

1969年9月号

ミニカーの広告には女性モデルを起用した大人っぽいデザインもたびたび見受けられた。

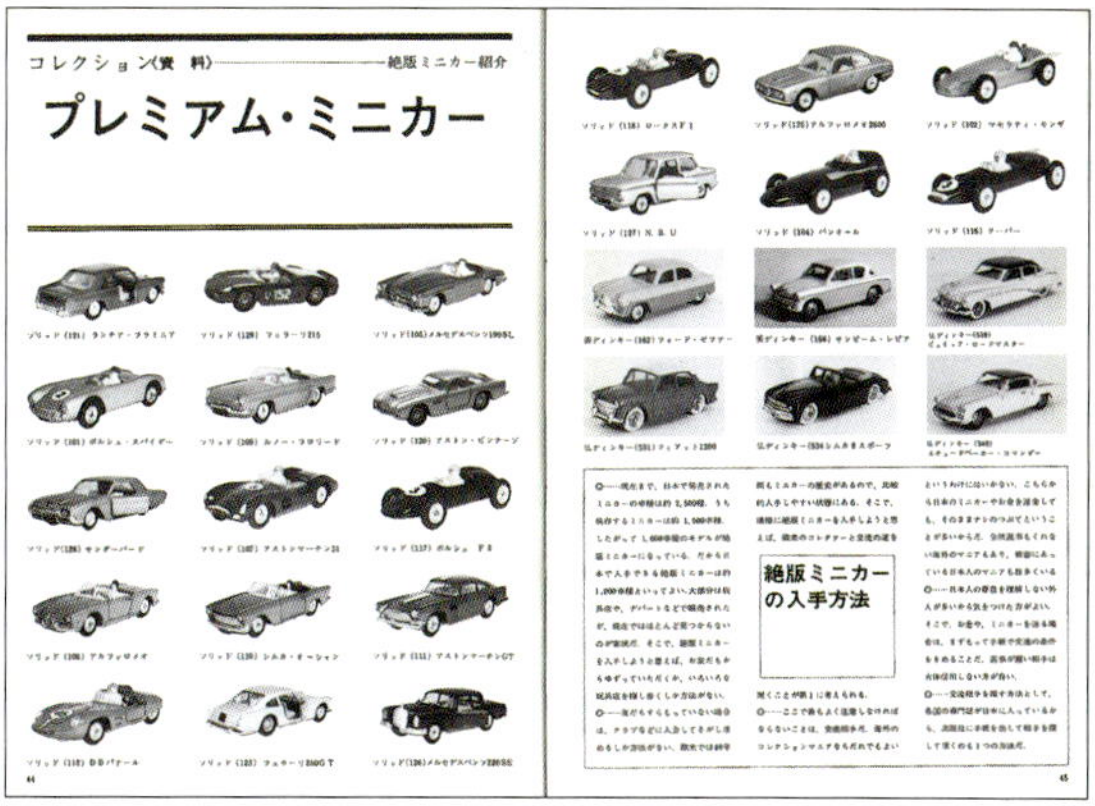

1969年12月号

絶版アイテムの紹介記事。今も昔もコレクション誌には欠かせない要素といえるだろう。

1970年9月号

創刊1周年記念号では、当時日本を代表するミニカーの輸入発売元であったアサヒ玩具、朝日通商、国際貿易の代表者による座談会を収録。

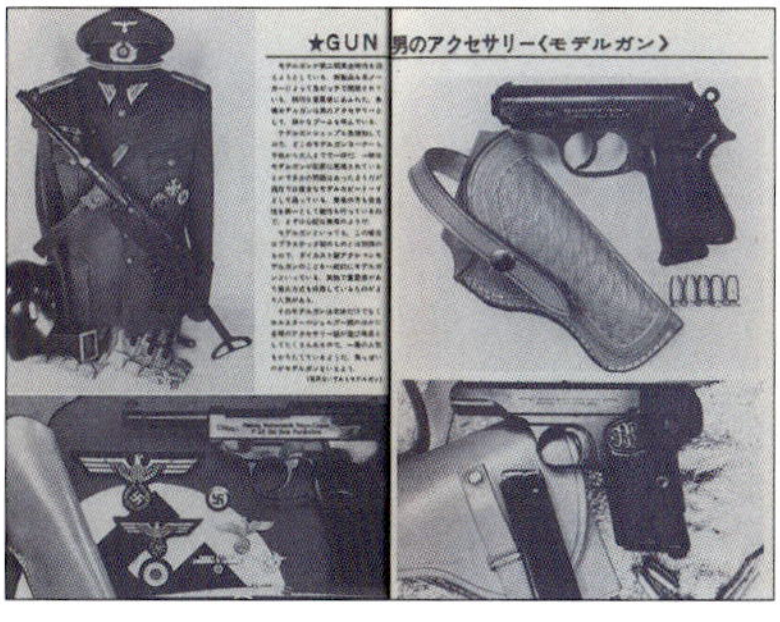

1970年9月号

ミニカー、プラモデルに続き、当時人気のモデルガンも本誌に登場。さらに記事のバラエティが広がった。

1975年

表紙は完全に毎号プラモデルとなる。しかし以前のような特殊な演出は無くなり、被写体とマッチした背景が選ばれている。4月号は、二式複戦・屠龍だが、その背景には宿敵B-29という具合。10月号はF-104スターファイターの白銀の機体を反映してアルミホイル。11、12月号は今までにないとてもあっさりとしたものになっている。

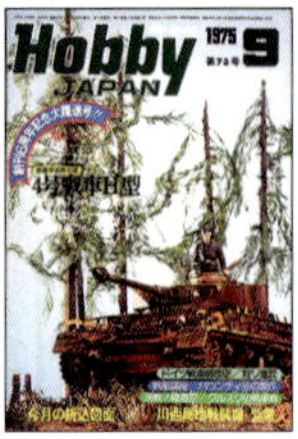
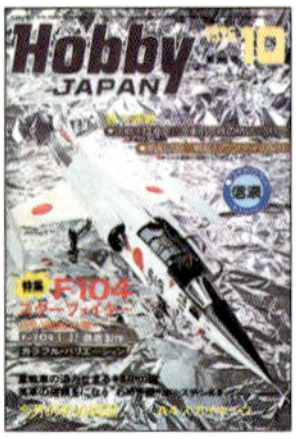

1976年

前年、エアモデルが多かったのに対し、この年はAFVが台頭する。記事としてはディオラマを押しており、そのためかつてのイメージ広告的なものではなく、ディオラマ仕立ての表紙が目立つようになった。なかでも1月号などは遠目では実写かと思う自然光のような照明でディオラマをハイコントラストで描写しているのが印象的だ。

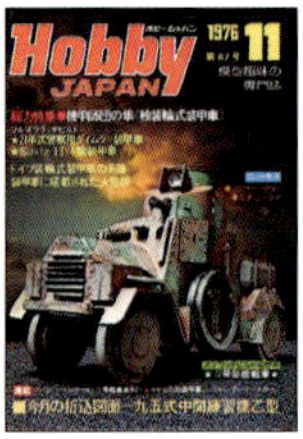

1977年

前年を受け継ぎ、あまり派手な演出は無いが、被写体は飛行機、戦車に加え、デコトラにスーパーカーとよりバラエティ豊かに。9月号の、松本零士氏のイラストと、手前の航空機のキットを合成したカットは印象的で目を引く。初めての「キャラクター的」アイテムが表紙となった記念の1冊でもある。

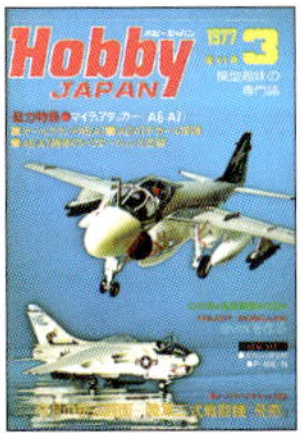

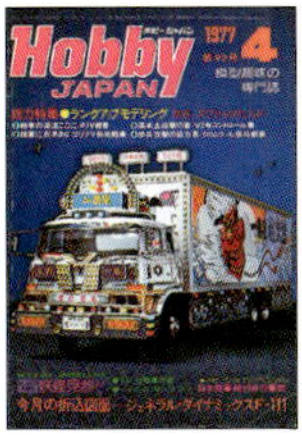

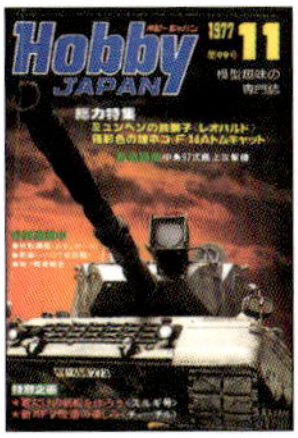

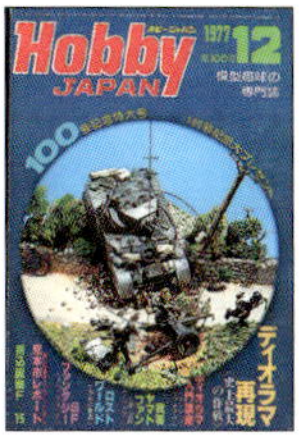

1978年

基本は1つのキットをクローズアップする構成だが、5月号のメーテルのイラストとキットの合成は異質で、また8月号のC-3POとR2-D2はやはり目を引く。10月号の兵士と馬と墓標は、ディオラマをそのまま映したものだが、スケールが1/9と大きいので、リアリティがあってはっとする。本誌を知らない者が見たなら、何の雑誌か戸惑うかもしれない。

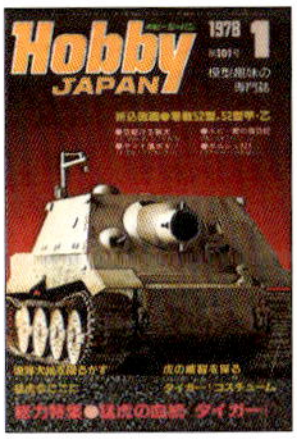

1978年5月号

人気企画「松本零士の世界」3度目の登場。ついに巻頭特集となり、4式中戦車のフルスクラッチやオオタキ1/50 C62を使用した「銀河超特急999号」など力の入った作例が並ぶ。

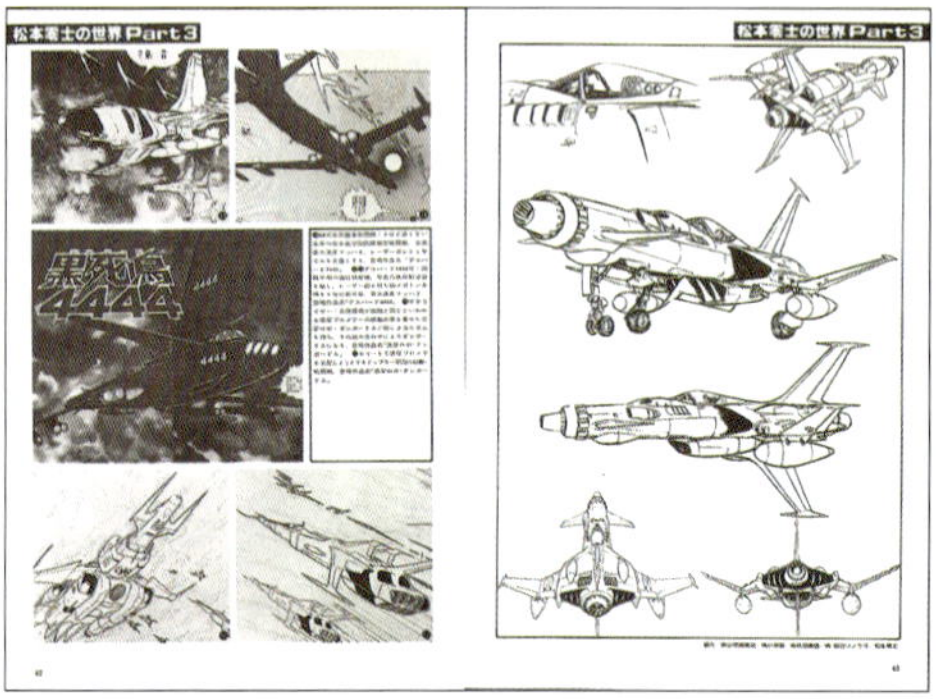

1978年5月号

こちらも「松本零士の世界」より。前2回の特集では触れられなかった松本零士氏のオリジナルメカを紹介。

1978年8月号

純然たるキャラクターモデルとしては初の表紙作例となった、金子辰也氏製作によるC-3POとR2-D2はその表紙写真の撮影風景も記事として紹介された。

1978年8月号

話題作『スター・ウォーズ』の特集号。本誌初となる巻頭カラー16ページのグラビアページからもその力の入れ具合が伝わってくる。

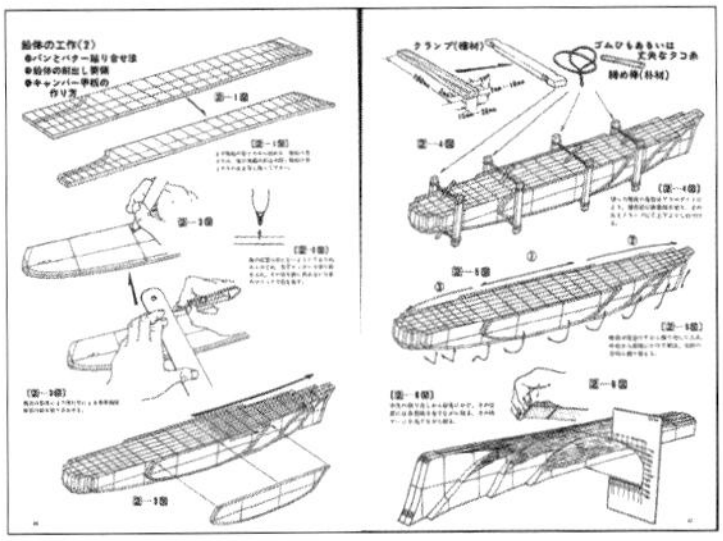

1975年1月号

「1/100第29号駆潜艇」の船体製作を解説した記事。このようにプラキット製作にとどまらない高度な工作技術を要する記事が掲載されることもあった。

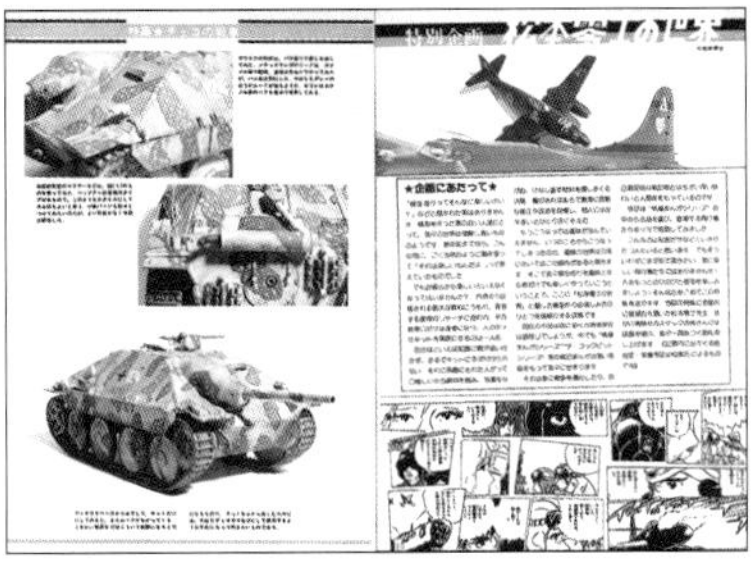

1976年6月号

特集「松本零士の世界」は松本零士氏の『戦場まんがシリーズ』に登場する機体を模型で再現するという、当時としては画期的な企画。特集冒頭には本企画を通して模型の楽しみ方は実機再現だけではないことを伝えたいという編集部からのメッセージも掲載されている。

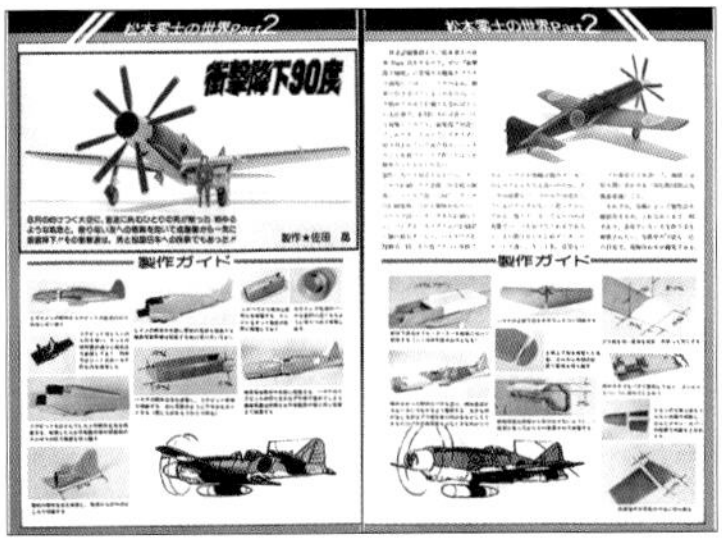

1977年9月号

創刊8周年記念号では特別企画として「松本零士の世界 Part2」と題して前回以上のボリュームで特集を展開。特集の目玉となった『衝撃降下90度』の「1/48 キ-99 」のスクラッチ作例はホビージャパンの表紙を飾った初のキャラクターモデルとなった。

1977年12月号

『宇宙戦艦ヤマト』が本誌に初登場。ファン待望のディスプレイモデルである「イメージモデル宇宙戦艦ヤマト」が紹介されている。また、ヤマトファン紹介ページにはメカニックデザイナー・出渕裕氏の若き日の姿も。

1979年

中西立太氏のイラストを背景とし(11、12月号は大西将美氏)、手前にキットを置くというある意味贅沢な構成。またイラストとキットの配色も絶妙にマッチしており、なかなか重厚にまとまっている。本文でも触れたが、筆者は「ホビージャパンの表紙」、と言うとこの年の一連の表紙を思い出してしまう。一年通して表紙はミリタリー一色だった。

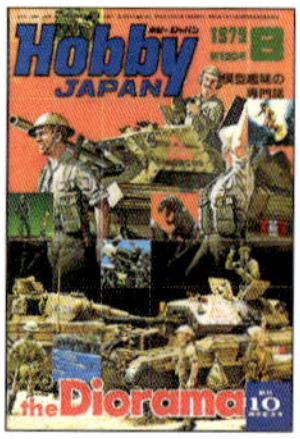

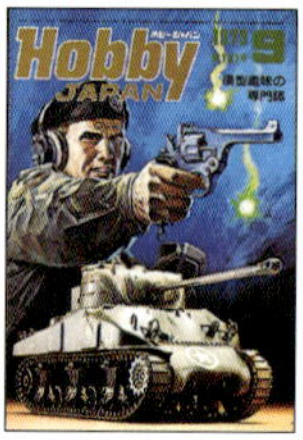

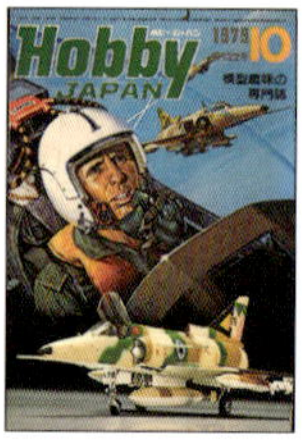

1980年

この一年は表紙に関しては統一を欠く。1月号から7月号まではイラストとなり、8月号で突如スター・ウォーズのフィギュア、そしてガンダムが初登場。しかし再び既定路線のイラストに戻り、10月号ではイラストとキットに戻り、11月号はモデルガン誌のようになり、12月号は再びイラストに戻るという不連続さだ。

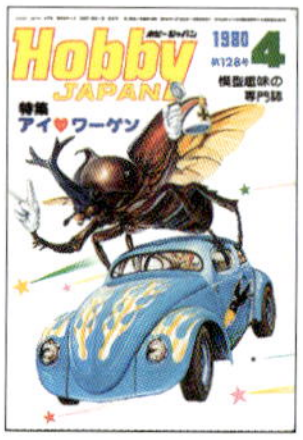

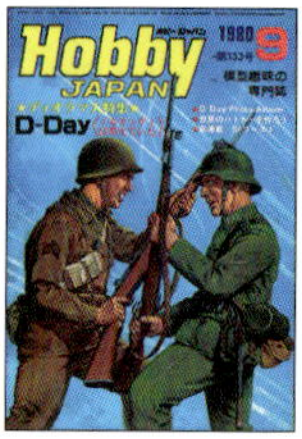

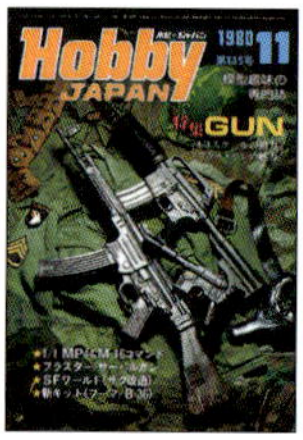

1981年

一年を通して表紙は作例単体やディオラマをストレートに写すという点では統一されているが、アイテムはAFV、ガンダム、スター・ウォーズが混在し、バラエティに富んでいるといえる。3月号でついに『ガンダム』が一面を飾る。発行部数は伸びたのだが、表紙はフォトグラファーに依頼せず、なぜか編集スタッフが撮影していた。

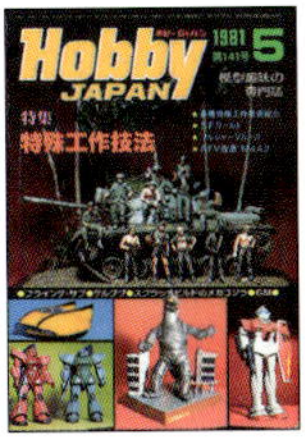

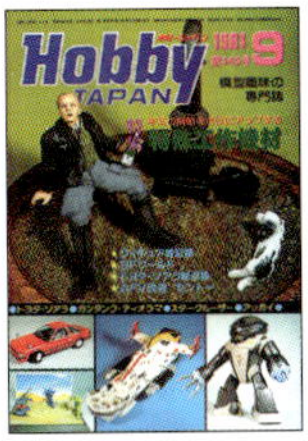

1982年

この一年も、前年と同じくいろいろなジャンルが混在しバラエティ豊かだが、割合としては初めてSF・アニメ系が圧倒多数となっている。純粋なミリタリーは10月号と12月号だけであった。表紙写真は引き続き編集部内での撮影である。この年まで'72年に作られた「Hobby JAPAN」ロゴが使われていた。

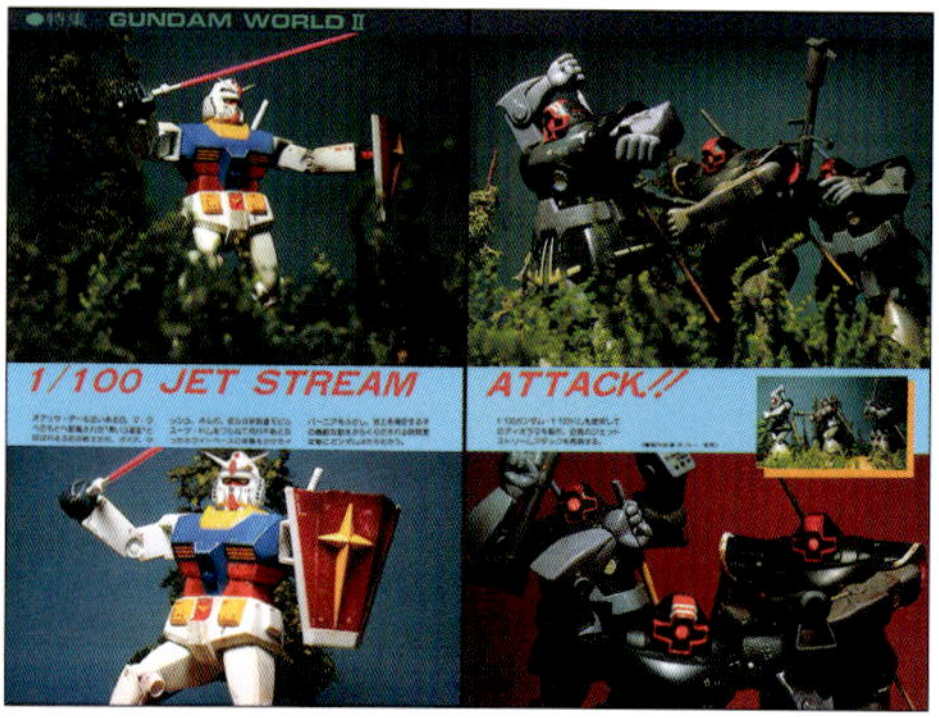

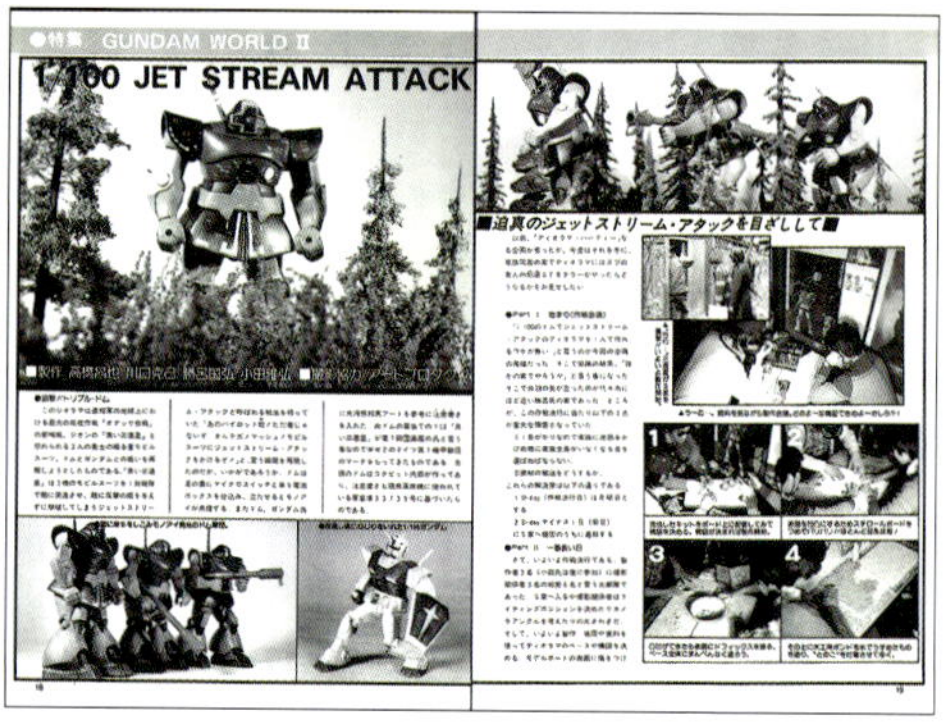

1981年3月号

本誌初のガンプラ特集号となった「ガンダムワールドII」。表紙モデルにもなったジェットストリーム・アタックのディオラマはストリーム・ベースによるもの。

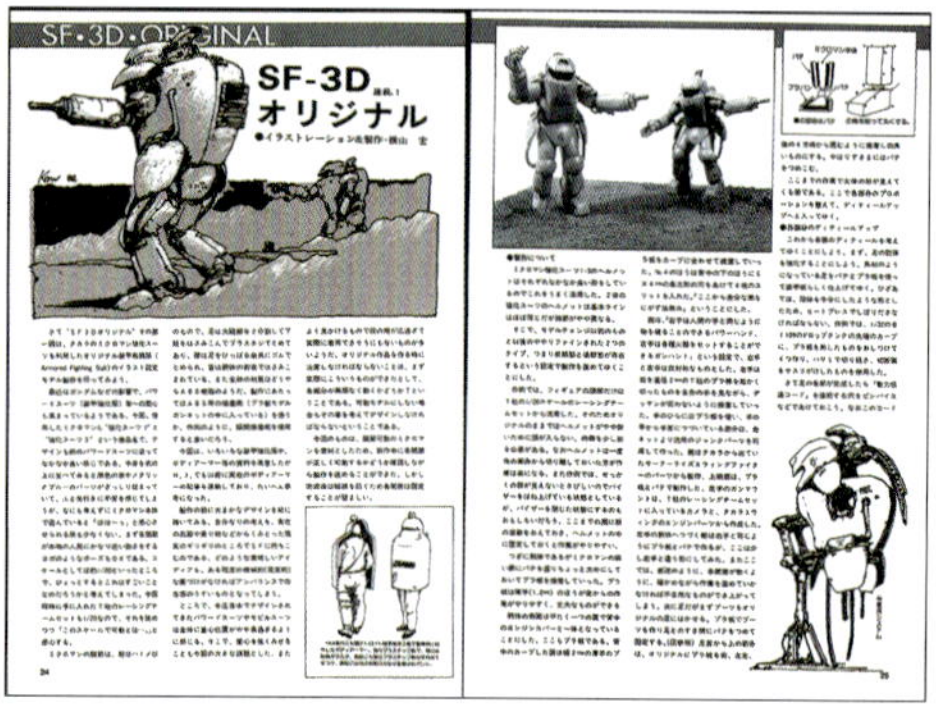

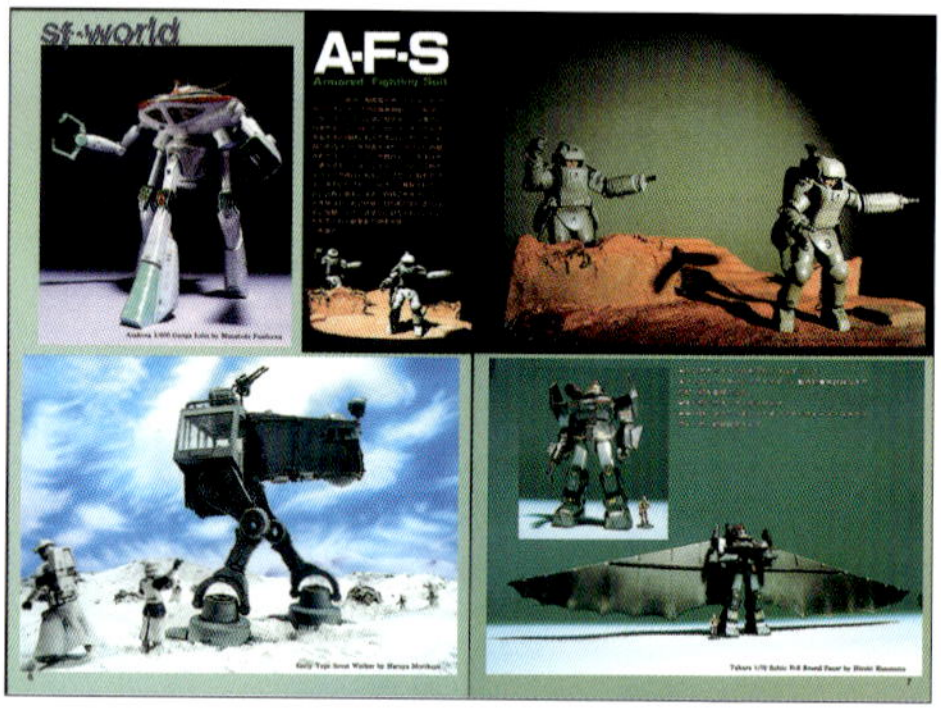

1982年5月号

今なお多くのファンに愛される横山宏氏による『SF3Dオリジナル』の記念すべき連載第1回。

1982年6月号

特大号と銘打ったこの号では再び『スター・ウォーズ』を特集。佐藤直樹氏による全長約80cmのフルスクラッチ作品「インペリアルスターデストロイヤー」や大里元(岡崎宣彦)氏によるフルスクラッチの1/48 Y-ウイング・ファイターなど見ごたえある内容。本書の著者も「斥新一」の名で作例を製作している。

●PICK UP 1979-1982

1979年7月号

キャラクターものが表紙を飾ることはあっても、誌面の主役はまだまだスケールキット。しかしソ連軍の日本侵攻をディオラマの連作で見せるという本企画「ソ連軍日本上陸!」は非常にユニークなアプローチではないだろうか。

1979年8月号

スタジオアールの藤井社長が表紙撮影の裏側を解説。1977年8月号にも同様の記事があるが、よりコミカルな方向に振った印象。

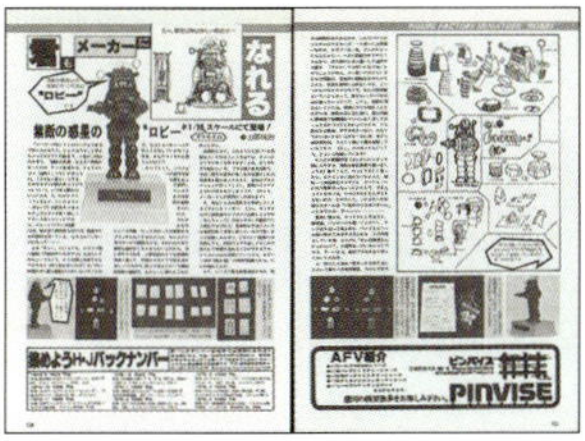

1979年8月号

小野純治氏によるロビーの1/35スケールレジンキット。キャラクターキットとしては本誌初のガレージキット紹介記事である。

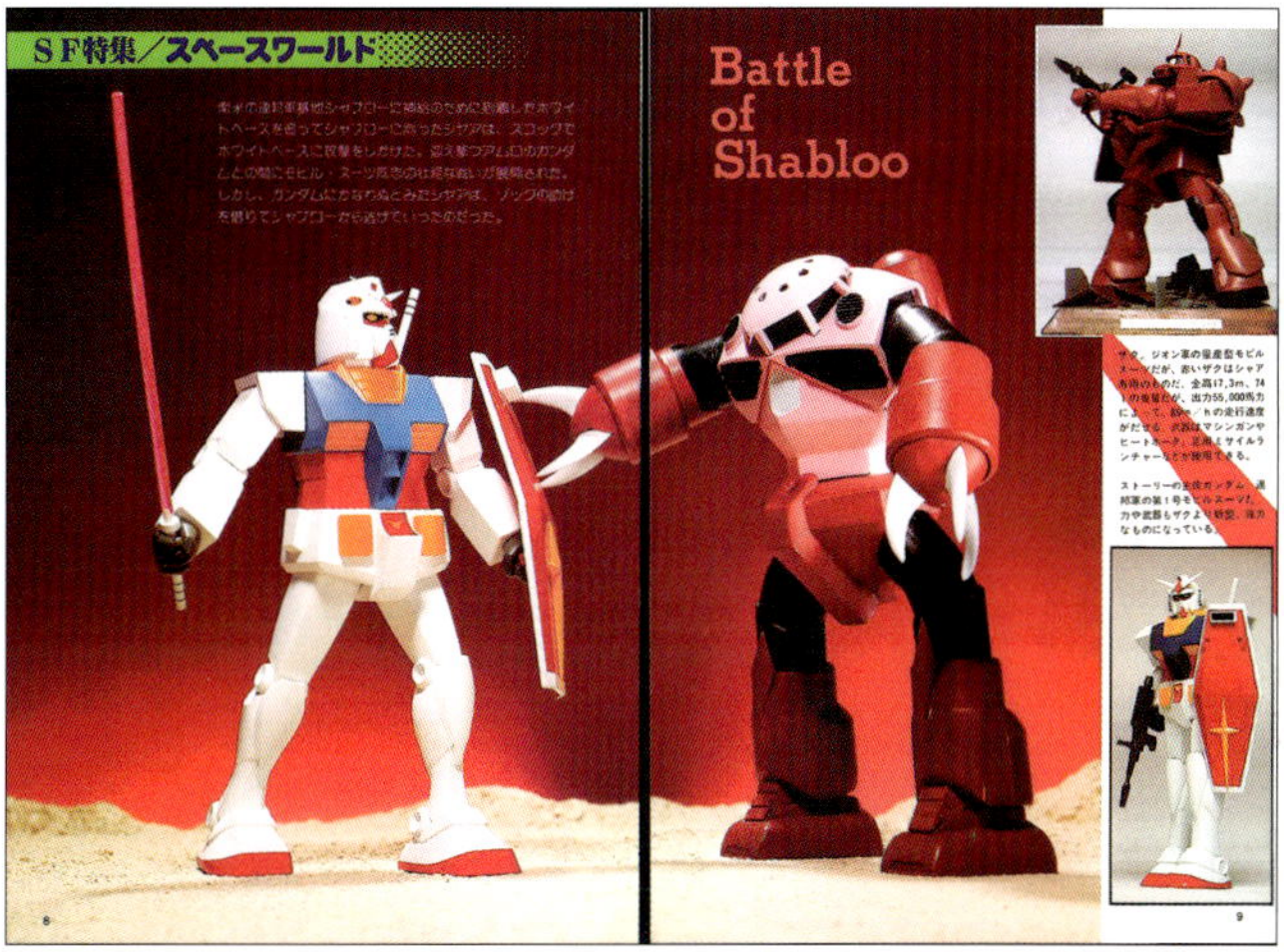

1980年8月号

ストリーム・ベースによって製作された1/100ズゴックと岩瀬氏のガンダム、栗原氏のザク。キット発売以前のため、当然フルスクラッチである。

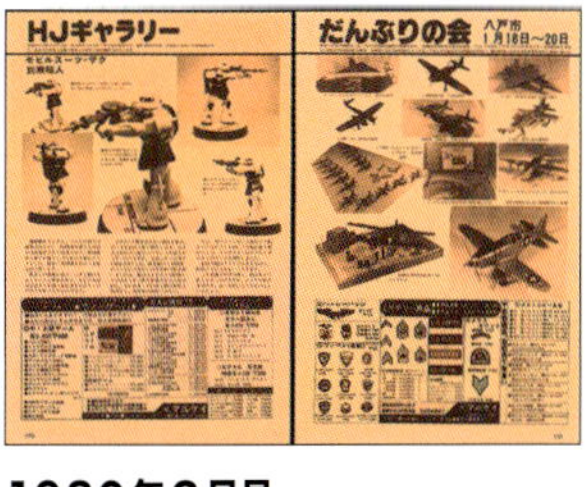

1980年3月号

ホビージャパンに初めて掲載された『機動戦士ガンダム』の立体物は、岩瀬昭人氏によるザクのフルスクラッチモデルだった。

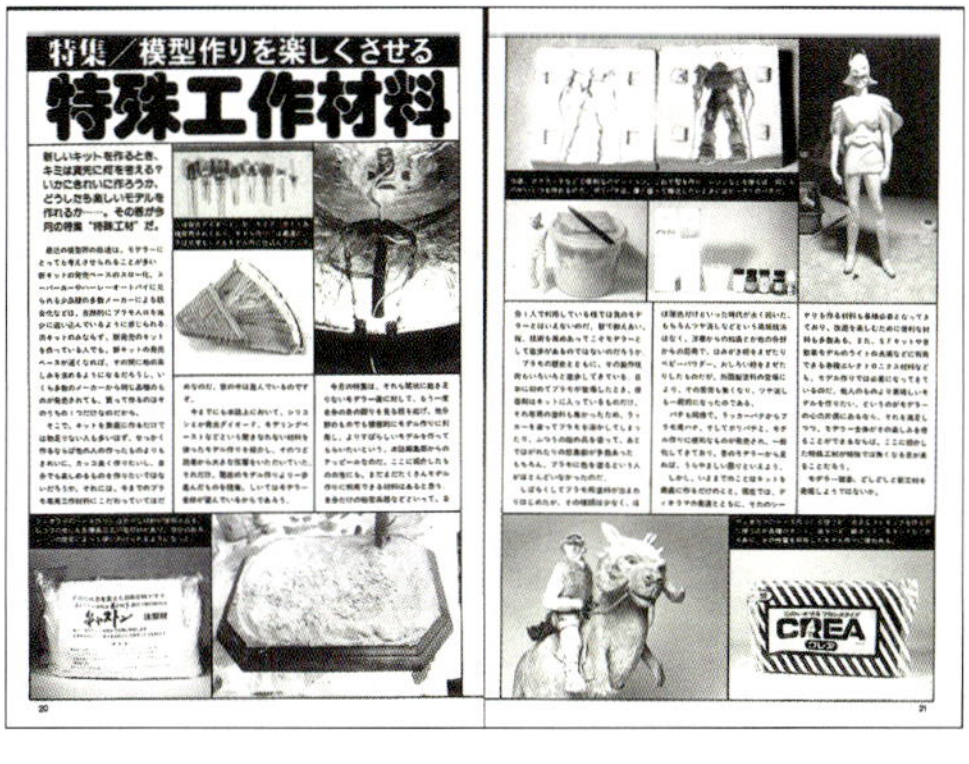

1981年1月号

発光ダイオードや光ファイバーなどの特殊工作材料も積極的に紹介。その反響は模型店の品揃えにも影響を与えた。

1983年

この年からロゴが刷新され、表紙に関しては1アイテム、1テーマとなった。そういう意味では落ち着きを取り戻している。『SF3D』がついに単独で表紙を飾るが、なんとこの年も『ガンダム』の表紙が1度もない。そして70年代に表紙を担当したスタジオアールが再び撮影を担当。落ち着いたイメージはそれも要因だろう。

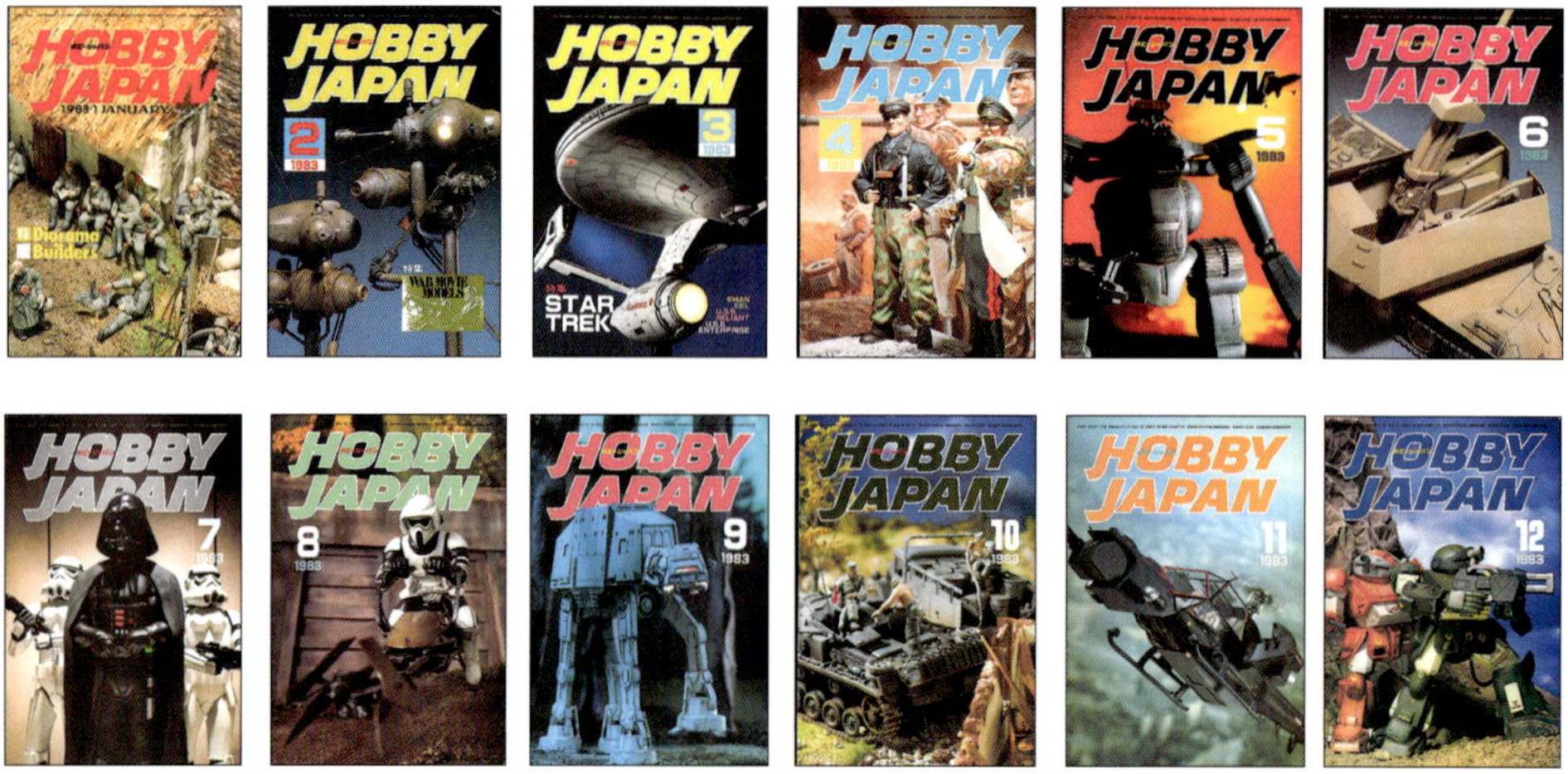

1984年

基本的には安定した前年を引き継ぎ、表紙は1アイテムを通しているが、『ゴジラ』や『007』などテーマが多様となる。7月号時点でスタッフの総退社が起き、編集部としては危機的状況だが、表紙や誌面からは、それを窺い知れない。11月号の『ライトスタッフ』の表紙は70年代に戻ったようなイメージだ。

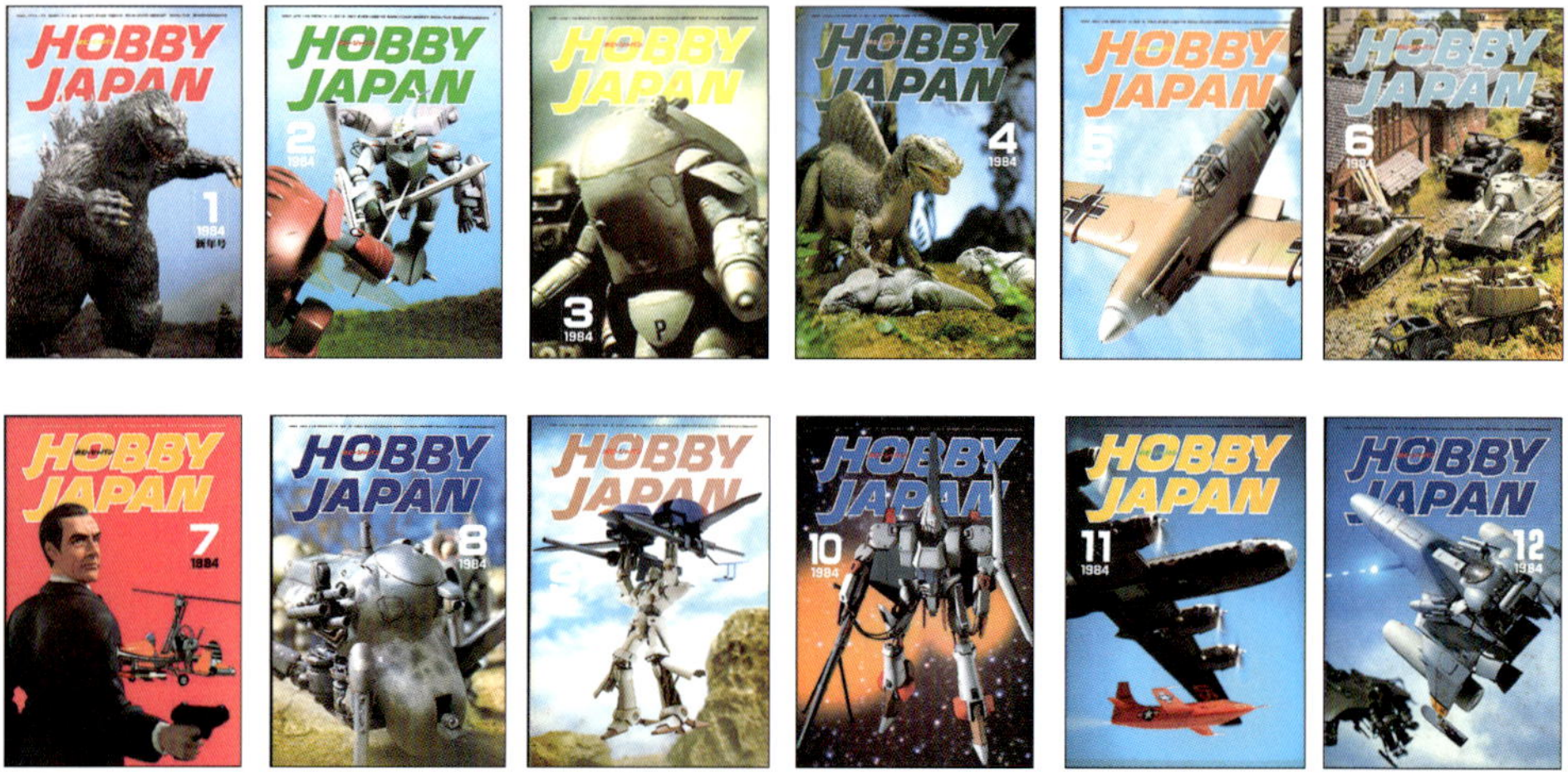

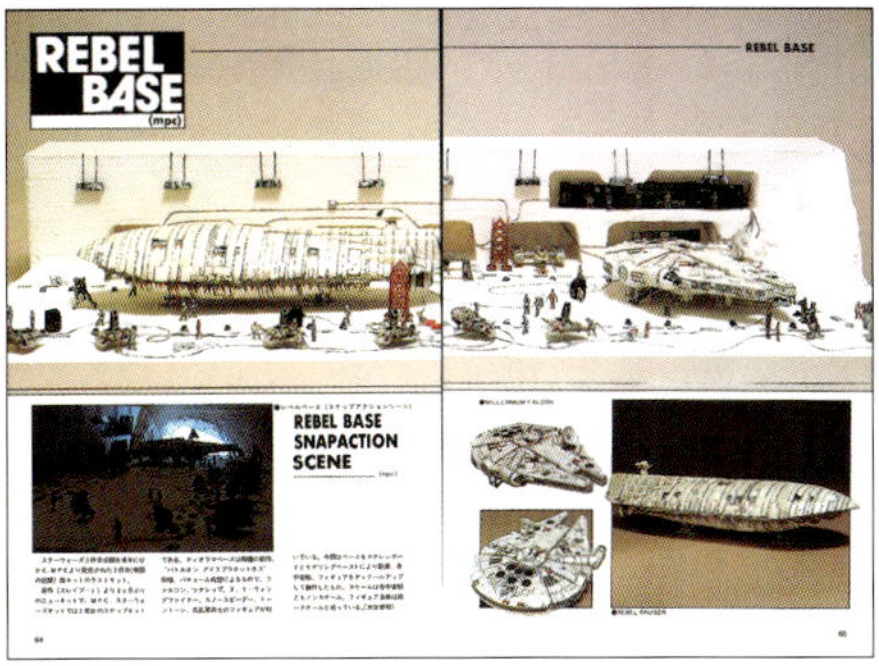

1983年1月号

今号よりロゴが再び変更。巻頭特集「Diorama Builder」にあわせて製作されたmpc製キットを使用したディオラマ「REBEL BASE」が巻頭の折込を飾った。

1983年1月号

小田雅弘氏による「アンティーク・キットセレクション」が連載スタート。本誌ではあまり触れられてこなかったキャラクターキットにも目が向けられるようになった。

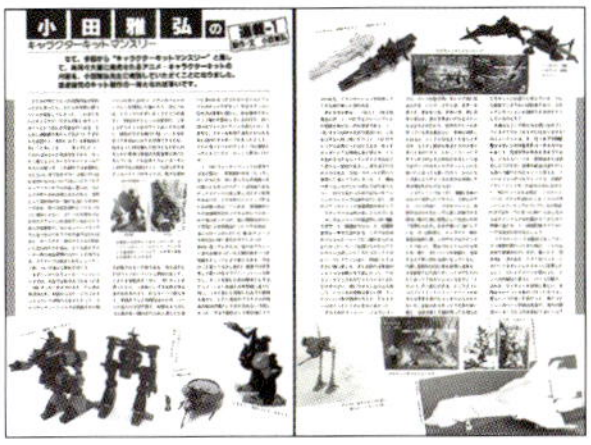

1983年4月号

キャラクターキットの新製品の増加に伴い、ついにキャラクターキット情報専門ページ「小田雅弘のキャラクターキットマンスリー」が誕生。

1983年10月号

キャラクターキットの新ジャンルとして、まだマイナーな存在であるガレージキットの特集を掲載。

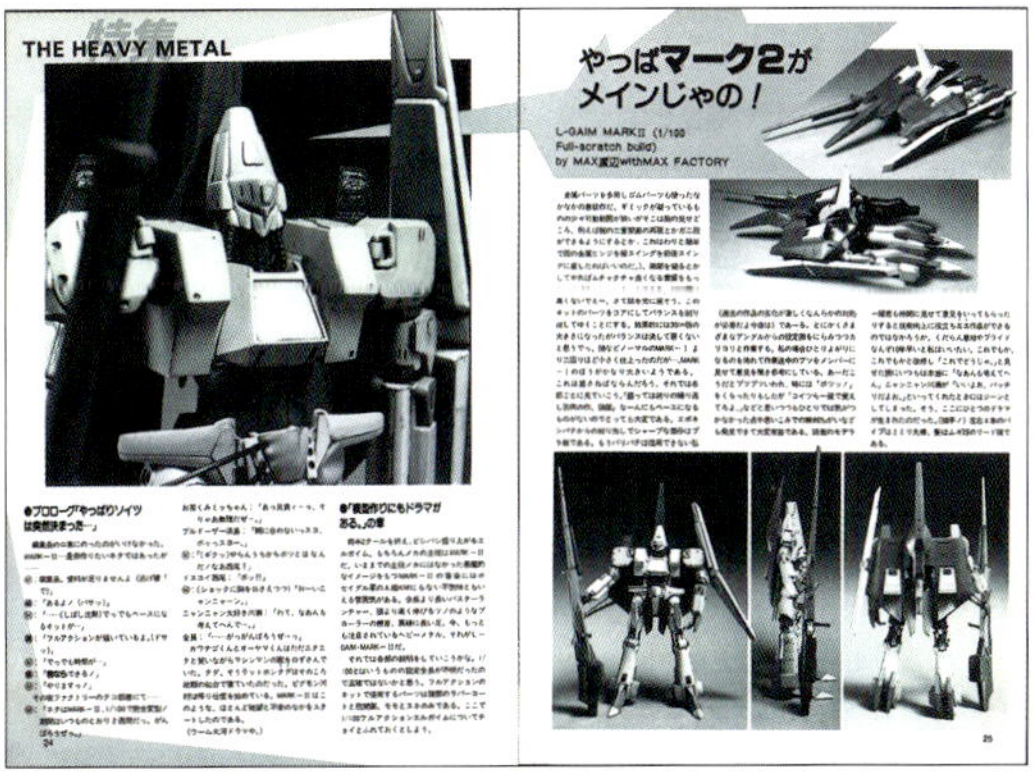

1984年10月号

ホビージャパン編集スタッフの一斉退社とモデラーの大量離脱による苦しい状況は続いていたが、MAX渡辺氏によるフルスクラッチ作品1/100完全変形エルガイムマーク2は大きな反響を呼んだ。

● ホビージャパン別冊 1981-1984

HOW TO BUILD GUNDAM

1981年7月発売。ホビージャパン初の別冊。本書は大ヒットを記録し、さらに月刊ホビージャパンの存在を全国のガンプラファンが知るきっかけにもなった。現在も電子書籍版が購入可能。

How to build DIORAMAS

1981年10月発売。世界的な模型作家シェパード・ペイン氏によるディオラマ製作ガイドの邦訳版。「HOW TO BUILD GUNDAM」のタイトルは本書が元ネタ。

HOW TO BUILD GUNDAM 2

1982年5月発売。『ガンダムセンチュリー』のイラストをモチーフにしたフルハッチオープンのガンダムの表紙が目を引くシリーズ第2弾。こちらも電子書籍版が購入可能となっている。

ウォーゲームハンドブック

1982年11月発売。シミュレーションゲームの第一人者であるジェームズ・F・ダニガン氏による著作の翻訳版。各種ゲームの特徴や歴史、実際の地図を使用したゲームデザインの方法などを解説している。

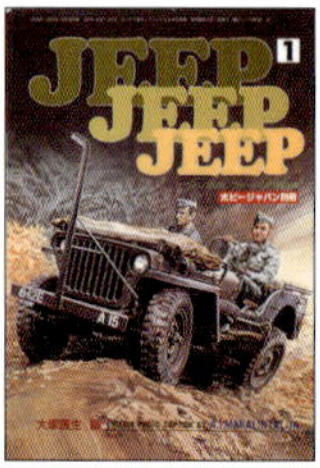

JEEP JEEP JEEP

1983年2月発売。1971年から1972年に掲載された大塚康生氏による同名の連載に、多数の実車資料写真を加えた単行本。ホビージャパン別冊としてはもっとも早く企画されたものであったが、実現までには数年の時間を要した。

SF3Dオリジナル

1983年5月発売。1982年にスタートした横山宏氏による人気連載の単行本。ホビージャパン発のオリジナルコンテンツの別冊は本書が初である。2010年には高精細スキャンによる「復刻版」も発売された。

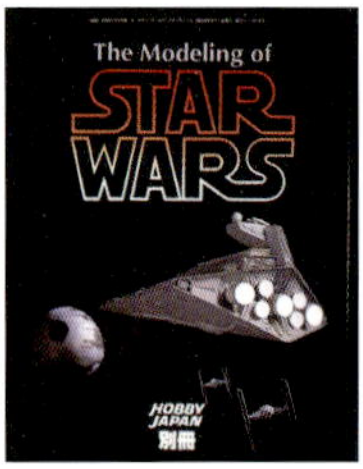

The Modeling of STAR WARS

1984年8月発売。佐藤直樹氏による「インペリアルスターデストロイヤー」など、ホビージャパン本誌に掲載された作例のみならず、フルスクラッチによるメカ、フィギュアを多数収録した豪華な内容。冒頭の28ページに渡る多くの特撮カットは小野寺友宏氏が担当した。

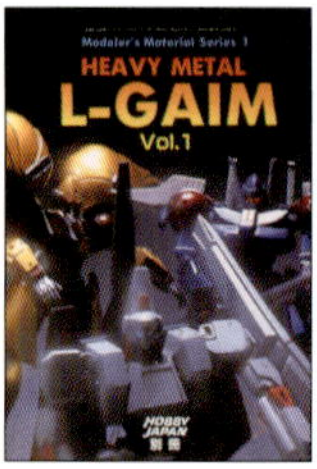

重戦機エルガイム Vol.1

1984年12月発売。1984年10月号の表紙を飾った、フルスクラッチによる「1/100 エルガイム Mk-II」にさらなる改修を加えた「リテイク版」をはじめ本誌の誌面を飾ったエルガイム関連作例を収録。1985年4月にはVol.2も発売された。

目の前は“傷天ビル”

ホビージャパン編集部は、設立された'69（昭和44）年から'82（昭和57）年まで、代々木駅前のミヤタビルにあった。当時の編集部の雑然としたイメージは、どうしたわけか当時の代々木駅周辺の雑然さに似ていた。ホビージャパン編集部の立地は、渋谷でも青山でも四谷でもなく、やはり代々木が似合っていた。

当時の代々木の街の様子を躊躇なく喧騒や雑然と言える根拠として、'74（昭和49）年から放送された萩原健一主演のテレビドラマ『傷だらけの天使』がある。深作欣二監督の代表作の一つと言ってもいいドラマだ。

その中で萩原健一演じる、心優しくありながらも、探偵事務所からのダーティワークばかりを請け負う羽目になる主人公、小暮修の“住居“に選ばれたのが、代々木駅前の線路に面した「代々木会館」という雑居ビルだった。

国鉄（現ＪＲ）の線路に隣接する位置に建つそのロケーションは、大都会の喧騒と雑然の中にありながらも、孤独な主人公のメンタリティの暗喩としてはまたとない絶好の場所で、主人公が電車の騒音を防ぐためにヘッドフォンを付け、カーテンもないため目にはゴーグル、ジャンパーを羽織ったラフな出で立ちのままベッドから起き上がるオープニングは話題を呼んだ。小暮修は、郷里に一人息子を残したまま、このビルの屋上の小さなペントハウスに独りで住んでいるという設定で、毎回このビルの屋上でロケが行われたが、このビルはホビージャパン編集部が入居していたミヤタビルと、道を挟んでほぼ正面にあった。背の高いミヤタビル屋上からは、ロケ現場が目前に見下ろせたのだ。そしてミヤタビル1階の駐車場には萩原健一の愛車の丸いヘッドライトが特徴のパンサーが置かれていた。

この番組はカリスマ性を得て、ロケ地となった「代々木会館」はファンたちの間で「『傷だらけの天使』のロケ地のビル」と言う意味で「傷天ビル」と俗称されており、今でも〝傷天ビル〟で検索すると直ぐに行き当たるはずだ。かなり老朽化が進んだため、この本が発行される'19年10月には解体が完了しているという。

そんなわけで大慌てで7月下旬に撮影に赴いてみた。しかしさらに解体が近づくと、外国人までがカメラを持って集まったとのことなので その理由を尋ねると、このビルの屋上は'19（令和元）年7月19日から公開された新海誠監督の劇場用アニメ『天気の子』にも登場しており、そのファンたちが「聖地巡礼」として駆けつけたのだという。さらにホビージャパンでの打ち合わせを終え、新宿駅南口の改札に向かうと、床も柱もブルーカラーでラッピングされていて驚いた。これは期間限定でJRが映画『天気の子』とのタイアップ企画として、新宿駅南口に映画『天気の子』の世界観を体感できる特別装飾を施したためだと言う。

編集部は'82（昭和57）年に引っ越すまで、ミヤタビルの7階北側の角部屋にあり、その一部屋にポストホビー本部と、ホビージャパン編集部が同居していた。扉を開けば事務所内が一目で見渡せた。十個程度の机と電話機が3～4台。デザイン用のトレスコープ、それにコピー機が一台に、小さな応接セットとキャビネット。それが編集部の設備のすべてだった。

隣接した小部屋も1つ借りていたが、そこはポストホビーのプラモなどの商品の在庫部屋で、普段は大きな段ボールが山と積まれており、必要な時に段ボールを積み直し、即席の撮影スタジオにしていたという具合だった。

オフィスは決して広くはなかったが、西と東とが全面窓であったため眺望は素晴らしく、東側の目の前は代々木ゼミナールのビルで、見下ろすと国鉄代々木駅の駅舎全体と行きかう中央線、山手線、総武線の赤、緑、黄の車両たちが見て取れた。そして西側の視界はさらに開けていて、当時新都心と呼ばれた新宿の高層ビル群が手の届くような位置に一望できて実に壮観だった。隣接したビルがないため日当りは良く、夏の一時期ともなると西日の直射だけではなく、それを反射するミラー張りの至近のビルからの反射光で、東西両方の窓から強い〝西日〟が差し込むという怪現象が起きることもあり、ブラインドを降ろさないと眩しくて仕事にならないこともあった。

そんな一部屋に、雇用主である佐藤創業社長以下全員が、一日中顔を合わせているのだから、聞かなくてもいいことも聞こえてくれば、知らなくてもいいことも知ってしまう。そしてそれぞれの素行や性格も分かって来る。

佐藤社長はポストホビーとホビージャパン双方の経営者であり、しかしナンバー2はいなかったので、常に独りで何かを思案していたように見えた。そしてどんな些細な事も自分で決める。従って細かい事案でも社長決裁となるのだが、その際の決断は驚くほど速かった。なにか伝えたいことがあると大声を出せば十分に部屋中に届いた。「お宅の社長、どうしていつも怒鳴っているの？」と、隣の事務所の人間に問われたことがある、と言うのは筑城の回想だ。

特定の誰かではなく、部屋の真ん中に立ち、ぼそりと言葉を発することもよくあったが、むしろそんな一言の方が記憶に残るものだ。ある時「ポストホビー○○店の○○君は漢字が全くダメだ。しかし字を書く時はいつも一文字ごとにすべて辞書を引く。だから彼の報告書や店頭ポスターには、一文字も間違いがない」と呟いた。恐らく手にした報告書に誤字を見つけての発言だったのだと思う。何を評価するのか、そんな人となりが読み取れる貴重な一言だったと、今でも思い出す。

ある日、米軍横田基地勤務と自称する白人が訪ねて来た。ホビージャパン愛読者なので、編集部の所在を教えてくれと言う。ドアの一番近くにいた私がそれならココだ、と説明したものの、彼は何度も何度も同じ質問を繰り返した。すると最後には「そうか分かった、教えないつもりだな！」と憤慨して帰ってしまったのだ。「きっと狭くて机しかないし、編集部だとは思えなかったんじゃない？」とする筑城の説が正解だったかもしれない。そう言われて改めて事務所内を見渡すと、梱包途中のポストホビーの在庫、バックナンバーは本棚に押し込まれ、雑然とした事務所内は、確かに誰もがイメージする編集部とは異なっていたかも知れない。彼は手に大きな手提げ袋を持っていたから、もしかしたら自慢の作品を持参していたのかも知れなかった。

'80年、読者が送り手になる。

80年代初頭、日本は自動車生産数で世界一となり、また対米輸出が急増し、世界最大の貿易黒字国となった。景況感は非常に良く、卒業を控えた身としても、贅沢を言わなければ仕事はいくらであったし、何につけても悲壮感はなく、楽観的だった。

卒業を3月に控えていた私は、'79〜'80年の年末年始に掛けて、週2〜3日の割合で渋谷にある広告デザイン事務所を手伝っていた。広告代理店の下請けで、主にPR誌の制作をする事務所だ。デザインの指定紙とポジフィルムを受け取り、本の表紙や広告などが印刷媒体として仕上がった際と同じ精度で見本を描く〝カンプ〟というデザインワーク専属だった。現在では「Photoshop」や「Illustrator」に類する画像加工ソフトがあれば2〜3時間程度で済む仕事だが、当時は丸1日を費やすなかなか手間の掛かる仕事だった。６月にベテランデザイナーが産休に入るので、そのタイミングなら雇用もできる、との返答を貰っていたため、卒業が迫っていても安穏としていたのだ。しかし'80（昭和55）年の年明け早々、アルバイト代を受け取りに行ったその事務所で、たまたま開いた求人誌に見慣れたロゴを確認する。『ＨｏｂｂｙＪＡＰＡＮ』のロゴと、デザイン・レイアウト急募・大至急の告知だった。

イラストレーターになるつもりで『日本工学院専門学校・芸術学部』に入学したのが'78（昭和53）年春だ。しかし〝潰しが効く〟のはどちらかと言えばイラストレーターよりはグラフィックスデザイナーだろうという安易な感覚でデザイン科に進路を決めたのだった。前述もしたが、美術科には山田卓司氏、そしてデザイン科には、やはり後にホビージャパンのライターとなる小橋法彦（川守田游）氏がいた。

デザイン科にありながらも選択の幅があったので、映像総論や編集概論を受講したのだが、その編集概論で、種類の異なる雑誌のレイアウト表現の分析をするという課題があった。そこでは当時情報誌として注目を集めていた『ＰＯＰＥＹＥ』と、そして手元にあった『ホビージャパン』'78（昭和53）年４月号（赤い表紙に白銀のＦ‐１０４が印象的）の誌面をレイアウト指定紙で再現し提出したのだが、就活生としてはそれらの課題や作品を面接に持っていくのが常であったため、Ｂ２サイズの大きなファイルに、イラストや課題で製作したポスターやカンプ、ＰＲ誌などを詰め込んで持参した。

面接は当時編集部のあったミヤタビル近くの商工会議所の一室で行われ、応募者は他に数名が並んでいたと記憶する。面接室には佐藤社長と当時の編集長が座っており、挨拶も早々に「ウチの雑誌の誌面の構成とかは、お分かりですか？」という業務内容に話は至った。ホビージャパンは10年来の読者であったことと、前述どおり誌面の構成・レイアウトの詳細は分析し、記憶していたので、オフセット（印刷）の本文は12級中明朝体使用、16字折り返し

45行×3段、ノドや版面のサイズや、写真の分解線数、活字（タイポグラフ）ではなく全誌面写植を使っているなどなど、記憶していることをすべて諳んじた。

すると〝急募〟という状況もあって、佐藤社長の即決により「明日から来て下さい！」という運びになった。しかし、学生であり卒業制作もまだ途中である事などを告げると、来れる時は半日でも出向き、手伝うということで折り合った。

帰り支度を始めると、その背中に「M4と言えば…」との突然の質問が飛んだ。佐藤社長の声だった。振り返りながら「えっ…シャーマン（戦車）のことですか？」と答えると、「P-51は？」と、編集長の質問が続いた。「ムスタング（戦闘機）ですよね？」と返すと、「そっちの知識も大丈夫のようですね」と、佐藤社長のダメ押しの確認だった。企業の面接においては滅多にないであろう種類の質問事項だった。

そのような経緯で、10年来のホビージャパン読者だった当時21歳の私は、卒業を待たずに誌面のデザイン・レイアウト担当として編集部に加わった。正確に何時から業務を始めたのかは思い出せないが、手伝い出した初日から帰りが0時34分発の終電だったことは記憶している。

私が手伝い始めた時点で、筑城はベテランだったが、ホビージャパン並びにポストホビーの広告、チラシのデザインに始まり、当時ホビージャパンが代理店となっていたウォーゲーム関連のデザイン、そしてバックナンバーの郵送業務を任されていたので、とても本誌のレイアウトまでは手が回らないのが実情だった。

さすがにこの頃になると、宅急便が日に何度か集荷に来るようになり、本誌の配送業務からは解放されていたが、それでも築城の仕事は増えることはあっても減ることはなかった。

そこでベテランの女性のレイアウトマンが外注として本誌のレイアウトを請け負っていたのだが、突然辞めてしまったことによる大急ぎでのデザイナー・レイアウトマンの募集だったのだ。

とにかく人手が無く、ある日手渡された14ページ分のレイアウトを進めながら「コレ、何時の発売号ですか？」と尋ねると、今月、との答えが返ってきた。カレンダーに目をやると、発行日まで2週間も無い。１００ページを超える本だと言うのに、レイアウトに着手できる原稿素材はまだ14ページしか揃っていないのだ！

内情を知らなかったため、全体の状況は把握できなかったが、しかしレイアウトに使える期間が10日も無い事だけは解った。そんな状況で卒業までの1〜2ヵ月はあっという間に過ぎて行った。

編集部とは言っても、当時は編集長と筑城、そして私と、それにアルバイトカメラマンが一人いただけだったと記憶している。3月で無事卒業した私は4月となるとほぼ毎日編集部に常駐することとなった。しかしこの新年度からは、スタッフが増強された。広告担当の営業として松本邦之、編集未経験の新卒者N君に、ＯＬからの転向組で編集者希望のS嬢、という面々だ。

ホビージャパンでは専属で広告・営業担当を置くのは初めてだった。松本邦之は父親がマブチモーター（註1）の重役であったことから、「息子を頼む」という経緯で、同じ業界の佐藤社長に託された形で、当時30代半ばだった。

広告・営業は、本誌に広告を出稿してもらえるスポンサーを探し、最終的には出稿元から広告原稿を受け取るまでが仕事だ。すでに説明したとおり大手メーカーは、自身のデザイン部や広告代理店に依頼して自社のイメージに合った広告を作成するが、そうでない場合は、広告のデザインから版下まで、印刷所に入稿する素材を編集部で作成しなくてはならない。実際外注に依頼すればそれなりの料金が発生するのだが、広告を出していただけるのなら、そこは「コチラでのみ込みます」となるのが常だった。そして、そうなればそれは松本の仕

註1
マブチモーター
マブチモーターの前身となる東京科学工業株式会社は'54（昭和29）年、小型モーター製造販売会社として創立。高性能小型マグネットモーターの開発に成功し模型飛行機への搭載が可能となる。その後も家庭電気機器分野だけでなくプラモデルの動力として不可欠な小型モーターの生産にも注力しシェアを伸ばす。'71（昭和46）年に社名を現在のマブチモーター株式会社とした。

事である。しかし実際は、告知したいアイテムとロゴを配置すれば出来上がり…とそんな単純なものではない。版下に写植を貼り込むなどという作業は、器用かそうでないか以前に、向き不向きがあり、文字や写真の傾き1度か2度を気にするような緻密な作業なのだ。

快活で声が大きい松本は、営業には持って来いの人材だったが、ことデザインワークなどに関しては苦手中の苦手で、何度手伝おうかと思ったことか分からない。しかし佐藤社長は前述の経緯もあり松本を気に掛けていたと同時に監視もしており、細かい作業に至るまで広告関係の業務はすべて松本自身にやらせるように、と釘を刺していたので、協力は出来なかった。

他の二名に関しては、なぜ編集未経験者を雇用したのかは不明であるが、しかし4月からはスタッフの人数が増えたため、諸々の作業は円滑さを増し、私は写真撮影の一部と、担当のレイアウトを行えば、さほど無理なく締切りまでに業務を終わらせることが出来た。発行部数の横這いという、あまり嬉しくない事実も、ポストホビーの業績と込みで判断すれば、取り立てて悪材料とは判断されず、問題として取り上げられたことはなかった。

一方ポストホビーは、同'80（昭和55）年には、当時「新しい若者の街」として注目を集めていた吉祥寺の「ＰＡＲＣＯ」にポストホビー吉祥寺店を開設、続く'83（昭和58）年にも新所沢店を開設する。1年間に3店舗も連続で開設した、'77（昭和52）年に次ぐ勢いである。ある意味、ホビージャパンはポストホビー内の出版事業部、と考えれば大赤字でもない限りは、大抵のことは了承されていたに違いない。

発行部数は一万数千部前後で推移し続けていたため、プラモデルの専門誌というものは、その程度の需要なのだろうと、半ば納得していた感もある。当時の発行部数は、採算の分岐点のちょうど上あたりにあったのだと思う。今月はあと二千部上乗せするか否かが、佐藤社長自身の判断を待って慎重に決められていた。

佐藤社長は、些細なことでも自身が決定する。だからどんな小さなことも、社長決裁を仰ぐ必要があったが、決断は秒速の速さだった。ただ80年代初頭の『ホビージャパン』は、10年来の読者として言わせて頂ければ、"振るって" いなかった。１１４ページ、価格は６００円。表紙はイラストとなり、内容も従来のプラモデルの工作が主となっていた。

60～70年代のプラモデルの隆盛は、ブームでもあった側面がある。少年時代の大半の時間をミニカーとプラモで過ごして来た私も、70年代後半の高校時代は、ほぼプラモデルからは離れてしまい、月刊ホビージャパンで私が連載していた『20世紀「模型」少年雑記録』の中で使っている「間氷期」からの造語を使わせて頂き「間模型期」と呼んでいるほど、プラモデルから縁遠くなっていた時期であった。

プラモデル業界にもあまり新しいトピックスは無く、事実ポストホビー店頭での売れ行きも、プラモデルは下降状態にあり、佐藤社長が次に目を止めていた商材は、ミニカーでもプラモデルでもなく、ファンシー商品、そしてシミュレーションゲームであった。

中でもアバロンヒルやＳＰＩのシミュレーションゲームには心酔しており、知的であることとパッケージのハイセンスなデザイニングなどから、日本でも必ず注目される次なる「新しいホビー」と位置づけ、ホビージャパンを輸入代理店として猛プッシュを始めていた。ゲームのページは以前から『ホビージャパン』の巻末に設けられていたが、ほぼ担当は佐藤社長自身であり、母校早大の後輩のゲーム研究会スタッフたちと、ゲームの解説書の翻訳作業などに情熱的に取り組んでいた。この流れは、やがて専属のスタッフ2名を雇用して'81（昭和56）年ゲーム専門誌『タクテクス』を創刊することにつながって行く。『タクテクス』誌は輸入代理店となったシミュレーションゲームのための専門誌だ。

また同年吉祥寺「ＰＡＲＣＯ」内に、ポストホビーとは別にファンシー商品専門店「黄色い木馬」を展開したところ、これが非常に好評となり、目に見える成功となって、佐藤社長はすこぶる上機嫌だった。この成功が、これからはプラモデルやミニカーではなく、ファンシー商品なのだ、と言う持論へと繋がっていった。

プラモデルについては、ポストホビーにおいて「以前と比べて売れ行きが良くない」と漏らすことが多くなった。佐藤社長の中ではかつて情熱を注いだミニカーやプラモデルはすでに過去のものとなっていたのだ。

本誌の内容が振るっていない、と思ったことに話を戻そう。当時、飛行機プラモの雄、ハセガワ（当時は長谷川製作所）（註1）に取材したところ、マニアが納得する精度の1／48ジェット戦闘機の金型を製作すると、その製作コストを償却するには数年もかかると言うのである。特にスケールモデルのマニア的ユーザーは、精度が高くないと納得しないが、しかし精度が高いからと言ってたくさん売れるわけではない、というジレンマに陥っていたのだ。もっと俯瞰すると、戦車、戦艦、航空機を含め、いわゆる人気機種や人気車種はすでに出尽くした感が否めなかった。

一方当時マスコミ物と呼ばれていたキャラクタープラモを展開していたバンダイは、例えばスポンサードしたアニメや戦隊ものの放送中に金型製作費を回収するため、1年以内での回収を徹底していた。番組が延長になった際はまた別として、そのようなビジネスライクな姿勢に徹することで、プラモデルの分野でも業績を伸ばしてきたのだ。

佐藤社長は、ホビージャパンの低空飛行について、寛容ではあるが、しかし内心納得のいかない思いも抱いていたのだ。ある時、編集部の真ん中に立つと、「いっそホビージャパンはファンシー商品の専門誌にしますか」と言い始めた。なかなか衝撃的な発言だが、しかしこの頃には、すでに創業社長の性格を自分なりにある程度理解していたため、それは本気ではないことを知っていた。なぜなら大きな声で誰に言うともなく放たれる宣言は、総じて本気ではないのだ。全員が聞き流した。が、しかし編集長はいい気分であるはずがない。当時

註1
ハセガワ
株式会社ハセガワは'41（昭和16）年創業の静岡に本社を持つ日本を代表するプラモデルメーカーのひとつ。60〜70年代は特に航空機のスケールキットメーカーとして注目されたが、現在はキャラクタープラモも手掛ける。

の編集長は、ミリタリーやプラモデルの知識を買われて某出版社より引き抜かれて来た経緯があるため、穏やかには収められなかったのだろう。両者は激しい言い争いとなったが、それも日常茶飯事の出来事であった。

誰もが気に止めず、いつものこととして仕事を続けていた。私は図面を清書していたし、松本営業主任は「よく冷静に仕事ができるな」と私の耳元で囁くと、営業に出掛けて行った。しかしこのように誰もが本誌の閉塞感を感じ、何とかしなくてはとは感じていたのは確かだった。そんな中、小さな変化が訪れる。

「ザク」ホビージャパンに載る！

夏は特大号と決まっていた。'80（昭和55）年8月号も例外ではない。そして『スター・ウォーズ』の第二作目となる『帝国の逆襲』もこの夏の公開だった。前述もしたとおり、部数を確保するのなら以前の好評企画の再生が手堅いと進言していたことと、ミリタリーやエアモデルにもトピックスが見当たらないので、半ばなし崩し的に、もう一度ＳＦ系の特集をやってみるか、という流れとなった。

ロードショー公開以前に、東宝本社ビルにて第二作目となる『帝国の逆襲』の試写があり、以前にも増してメカが活躍するアクションシーンが多いことが判った。またカナダのプラモ問屋からは新しい『スター・ウォーズ』のプラモデルが大量に入荷される情報も入っていた。

そして、モデラーたちの一部が熱く囁きだしたあのキャラクターも載せてみよう、となったのだ。バンダイが『機動戦士ガンダム』のライセンスを押さえ、幾つか新キットが発売されるようだ、という情報は問屋筋からも伝わってきていた。特大号は、夏のお祭りだから、多少路線を踏み外しても問題ない、という感覚だった。それ以前に'80年当時、ＳＦと言えば『スター・ウォーズ』と『ガンダム』は外せなかったのだ。

スケールモデルにあまり新しい動きがない中、モデラーたちがある作品に興味を持ち始めていることが伝わってきていた。『機動戦士ガンダム』は放映以前にアニメ誌に情報が出た時点で、これは何かが違う、とディープなアニメマニアの間では話題となっていたのだ。特に『ホビージャパン』の読者層でもあるミリタリーファンの琴線に触れるガジェットやシチュエーションがあることは明確だった。

そんな中、'80（昭和55）年3月号の読者投稿欄に初の「ザク」が掲載された。まだガンプラ発売以前であったため、モビルスーツを作るのならフルスクラッチ（完全自作）するしか無かった。作者の岩瀬昭人氏は、後にライターとなって活躍するプロの木型職人だ。私と同じ昭和33年生まれのプラモデルやモデルガン世代のモデラーだった。実家は「イワセ模型」という木型屋で、ボトルなどの日用雑貨の木型製作が主な仕事であったが、70年代にはバンダイの「ジャンボマシンダー」（註1）などの木型原型も手掛けていた。

戦車や戦闘機と比べるとモビルスーツは三次局面だらけで、腕や足は一対ずつ、左右対称のパーツを作る必要があり、さらに戦闘兵器でありながら〝擬人化〟されているため、体の部位同士のバランスやポージングのセンスまでが必要となる。旧来の〝プラ板の積層〟や〝プラ板の箱組〟から削り出すのではなかなか手強いアイテムだった。従って完全自作するにはかなりの工作経験とセンスとが必要となる。彼自身は特にＡＦＶを得意とする熟練モデラーでもあり、彼の兄もカーモデラーで原型師であった。

当時、プラモデルで育ち、本格的にプラモデルにのめり込んでいるマニアたちは、ある意味手持無沙汰であったのだ。そんな彼らに対してプラモ業界は、或いはホビージャパンは「次なるモノ」を提案出来ないまま、従来の路線を漫然として継続し、80年代を迎えてし

註1
「ジャンボマシンダー」
ポピーが'73（昭和）年から展開したロボット玩具。『マジンガーZ』を基に、そのコンセプトの〝大きい事〟を具現化し、ブロー成型により大きく壊れにくい商品として完成。多種の武器装備が換装できることも魅力だったが、やはり子供にとっては全高60センチの大きさが最大の魅力だった。当時3350円で、マジンガーZに続きグレートマジンガー以下、後続シリーズが続々と展開され人気を呼んだ。

まっていたのだ。プラモ少年だった私がそうであるように、皆一巡した感のあるプラモデル・シーンには興味を失いかけ、受験のタイミングで、あるいは社会人となるタイミングで、模型作りから卒業して行ったのだ。私もホビージャパンの仕事に就いていなければ、恐らく完全にプラモデルからは卒業していたかも知れない。

本書に再三再四登場するプラモ先進国の世界ブランドであったモノグラム社、エアフィックス社も、70年代までに人気アイテムを出し終えた感があり、モノグラムは玩具メーカーのマテル社に吸収され、エアフィックスは'81年に、そしてプラモデルの生産に踏み切ったマッチボックスも'82年に経営破綻してしまった。

輸入プラモデルを無条件に礼賛した時代は終わり、すでにプラモデルは目新しいホビーではなくなっていた。しかしだからと言って新しいレジームも見当たらない。80年代初頭はそんな状態だった。もし部数が減り、もしスケールモデルなどに代わる代替案が見付けられなければ、『ホビージャパン』はファンシー商品か、或いはウォーゲームの専門誌になっていたことは充分に有り得たのだ。

しかし、そんな中3月号の読者投稿欄のモノクロの1ページに登場した「ザク」の掲載は、小さな出来事だが「ホビージャパンはガンダムも扱うのだ」という認識を読者たちに広めた事件だった。反応はすこぶる良好だったのだ。

そして3月号に続いて、5月号の読者投稿欄にも、再び「ザク」が載る。やはり昭和33年生まれの栗原孝明氏の作品だ。彼もホビージャパンの読者でSF系のモデラーだったが、3月号を見て驚いたと言う。自分以外にも「ザク」をスクラッチ・ビルドするような人間が居たのか！と言う驚きと、先を越された、という驚きだ。そこで手元の8割まで完成していた自作のザクを急いで仕上げて投稿したのだ。フルスクラッチ・ビルドによる「ザクマシンガンを構えたシャア専用ザク」だった。彼はこの時まだ学生だったが、やはり後に『ホビージャパン』のライターとなって活躍する人材で、現在もプロモデラーとして活動している。その頃まだ表面化はしていなかったが、間違いなく『ガンダム』にはプラモデルとしてのニーズがあった。彼ら熟練モデラーたちの情熱は本物だったからだ。

しかしどういう訳で二人のモデラーが製作したものが主人公メカのガンダムではなくザクなのかにもモデラーたちならではの理由があった。『ガンダム』の作品としての路線は、玩具メーカー出資によるため、その商品が売れないことには始まらない。当時日本サンライズ（現・株式会社サンライズ）は、ガンダムに至るまで幾つかの作品を手掛けて来たが、いずれも主人公メカは複数のメカが合体して巨大ロボットとして活躍するというもので、本質では『ガンダム』もその路線を外してはいない。

そして玩具になった時の、売れ筋の条件として、「勇ましく硬質的であり、彩度の高い原色で色分けされている巨大メカロボット」、というパターンが、半ば盲目的だとは思われつつも、踏襲されて来ていたのだ。いずれも雄々しく胸を張り、厳つい得物を手にした雄姿、というのが定番であり、それはバンダイがスポンサードして来たロボットアニメや戦隊ものに登場するそれらと同様で、ガンダムも例外ではなかった。そんな中、クリエイターが自由度を持ってデザイン創作できるのが、いわゆる敵メカだったのだ。

アニメファンの中でも主人公側は直線的、敵は曲線的などとその大別に言及はされてはいたが、ホビージャパンの読者層やライター達、いわゆるミリタリー、プラモデルマニアとなると少し違う深読みがなされる。

ガンダムは合板を貼り合わせたようなイメージだが、ザクの丸みを帯びた造形は、戦車の砲塔などを量産する際に採られていた、鋳造方式の工業製品に寄っているのだ。モデラーたちの見解では以上のようなニュアンスを踏まえて「ザクの方がリアル」として、とにかく作るのならまずザクから、という結果となったのだ。

「編集とは、何を載せるかではなく、何を載せないかだ」という誰かの名言がある。これは多くの写真や素材の中から、全部採り上げるのではなく、その中から、どれを選定するのか、どれを載せないか、その作業こそが大事なのだ、とする一文だと思うのだが、当時の私は正にホビージャパンのような趣味の専門誌に当てはまる名言だと思っていた。ホビージャパンはホビージャパン独自の審美眼で、掲載するアイテムと掲載しないアイテムを分別し、限定することが大切だと信じていた。'78（昭和53）年に『スター・ウォーズ』が表紙になった事、'80（昭和55）年に「ザク」が、たとえ読者投稿欄であっても『ホビージャパン』に載ったことが、急がれる変革にとっては実に重要なステップとなったのだ。

第6章変化するホビージャパン

川口名人登場

「川口名人」として知られることになる川口克己氏は、高校生時代（渋谷区）笹塚の模型店に集う模型サークルに参加していた。アメリカ空軍のアクロバットチームに因んだ「サンダーバーズ」というスケールモデル中心のグループだった。

「そこに小田雅弘さんや高橋昌也、勝呂國弘らがいて、そのサークルの中で〝ガンダム〟が面白いよね、というように話題に上がるようになりまして。まあ集まって模型談義をしたり、展示会をしたりという活動ですね。当時は今と比べると、趣味の選択範囲が少なかったように思います。男の子ならプラモデルだろう、というような雰囲気がまだ残っていたと思いますよ」と川口氏は語る。

その店にはホビージャパンのライターも出入りしており、今度夏のSF特集で『ガンダム』も採り上げるのでガンダムを作れるモデラーはいないか、という話が持ち上がり、小田雅弘氏、高橋昌也氏、勝呂國弘氏、川口克己氏らが手を挙げた。小田雅弘氏はゲルググ、勝呂國弘氏はズゴック、川口克己氏はザクを製作することとなる。掲載されるのは8月号（'80年7月25日発売）で、ちょうどガンプラ第一号となる「1／144ガンダム」発売のタイミングだったが、この特集のモビルスーツ製作時点ではガンプラ発売前であったため、彼らの作った1／100のモビルスーツはすべてフルスクラッチだった。

スケールモデルもSFキャラクタープラモも傍から見ると同じプラモデルだが、そこにははっきりとした壁がある。これは後に詳しく解説するが、ここでも彼らがスケールモデル以外のアニメ発のモビルスーツを作るにあたって、所属しているプラモデル・サークルそのままではなく、新たに「ストリームベース」なるグループを名乗ることとなった。「ストリームベース」とは、60年代の「週刊少年サンデー」の人気連載漫画、小沢さとるの海洋ＳＦ『青の6号』に登場する水中移動基地から採ったネーミングである。

その一員であり、後に『モデルグラフィックス』の伝説的企画『ガンダム・センチネル』のライターとなる高橋昌也氏は、ウォーゲームなどをプレイするゲーマーであり、手作りのガンダムの、言わば同人ボードゲームも製作していた。そのゲームに使うコマは、当時ガンダムの玩具を製作していた山勝の全長数センチの小さな塩ビ人形や自作した50ミリほどのモビルスーツを原型とし、よりリアルに手を加え改造、ＦＲＰ（註1）で複製したものを使用していた。あくまでも身内で楽しむ手作りゲームのためのコマだったが、これが8月号に載るとその反響は大きかった。

また3月号で初登場した「ザク」を製作した岩瀬昭人氏に1／100のガンダムのスクラッチビルドを依頼し、8月号誌上で1／100のガンダム、ザク、ゲルググ、ズゴックが揃い踏みすることとなった。

その後浪人することとなった川口氏は予備校生として代々木ゼミナールに通うことになったが、奇しくもその代々木ゼミナールはホビージャパン編集部の目と鼻の先だった。そんな経緯で彼は以前にも増して頻繁に編集部に立ち寄ることとなった。

当時は川口君と呼ばせてもらっていたが、彼は物静かで誠実、作例を依頼するとクオリティと、納期をきっちり守る優良ライターであり、得難い人材の一人だった。ガンダムだけでなく、本来の彼の守備範囲であるミリタリー系のＳＦメカなどは、木型原型のような精度で仕上げてくるのだ。実際彼がスクラッチした作例を基に商品化されたアイテムもあったほ

註1
FRP
Fiber Reinforced Plastic＝繊維強化プラスチックの略称。本来はエポキシ樹脂などにガラス繊維や炭素繊維などを複合して強度を向上させたもの。しかし、模型の世界では、このFRPに使用するゲル状のエポキシ樹脂で複製したものに対してもFRP製とする場合があり、本書に登場しているのは後者である。

どだ。

小田雅弘氏も伝説のライターの一人と言っていいだろう。毎回時間のない中、無茶な依頼をしてしまったが彼の作例は実に精緻で、読者には写真でしか見せられないのがいつも悔やまれた。彼らの参戦で新しいジャンルの未来は明るくなったように思えた。

川口氏はその後もホビージャパンのライターやコミックボンボンなどでも活躍し、'85（昭和60）年4月、バンダイに就職し、駒形のホビー部の営業として配属されて以降、現在まで三十数年にわたってガンプラを主導するキーマンとして活躍することとなる。

かくして'80（昭和55）年8月号は、好評だった'78（昭和53）年8月号の再来としてSFバラエティ的な内容で大好評を博した。表紙は『帝国の逆襲』の劇中のシーンを再現した「トーントーンに乗ったルーク」だが、同時にスクラッチによるガンダムとシャアも表紙を飾っていた。

前述のとおり小田雅弘氏はゲルググ、勝呂國弘氏はズゴック、川口克己氏はザクをいずれも1／100でフルスクラッチ。記事内容としてはモビルスーツの作り方として、頭部はプラ板の積層からの削り出し、腕、脚部などはプラ板の箱組から削り出すという工作課程が解説されていた。ただ岩瀬昭人氏の1／100ガンダムは、今まで模型誌では紹介されたことのないポリエステル・パテ、通称「ポリパテ」を使って製作されていたが、これは当時まだ模型店では扱っていなかった。そういう意味で「新素材」として注目された。

『スター・ウォーズ』は発売したばかりの米国MPC社のミレニアム・ファルコン、ダース・ベイダーを紹介、そしてバラエティとして100円のメカコレクションの『宇宙戦艦ヤマト』や『トライダーG7』（註1）、『電子戦隊デンジマン』の「ダイデンジン」なども掲載している。

しかしこの時点では夏のお祭りとして収束するのだが、その後の反響は非常に大きかっ

註1
トライダーG7
『無敵ロボ トライダーG7』は、'80（昭和55年）～'81（昭和56）年まで、テレビ朝日系列で放送された日本サンライズ作品。全50話。ガンダム直後に作られたガンダムとは正反対の日常的リアリティを目指した異色のロボットアニメ。

た。記憶ははっきりしないが、夏の特大号として通常の数千部増しとなり、売り切れとはならなかったものの、バックナンバーの注文が多く、最終的にはバックナンバーも完売したはずだ。

この号の結果によりSFやガンダムを扱えば部数が伸びることは証明された。つまりいままでホビージャパンを買ったことのない読者たちが買っているのは明らかだった。彼らにとってはホビージャパンが以前から〝こういう本〟、つまり『スター・ウォーズ』『ガンダム』『ヤマト』や「巨大ロボ」の工作記事を以前から扱っている本だと思い込み、「以前にヤマト特集をやった号はありますか？」「スター・ウォーズの記事は何年の号に載っていますか？」「ガンダムの戦艦の記事は何号に載っていますか？」という問い合わせが電話やハガキで多く寄せられた。そういうSF系・アニメ系プラモの潜在的なファンは、思いのほか沢山いるということが判ったのだ。

初めの一歩…SFの常設ページが固定された

続く'80（昭和55）年9月号では、「ディオラマ大特集D-Day（ノルマンディーは燃えていた）」と題し、巻頭に十数ページを使いディオラマの製作紹介。続いて'44年当時の上陸作戦時の写真を掲載。また小林源文氏の絵物語り調のイラストにより、上陸当日6月6日前後の経緯を解説している。

またSFは、とりあえずプラモデルにおいては新鮮なジャンルと認識されたのは事実で、そのため本号から私が担当する「SFワールド」がスタートしている。その6ページの中に当時発売された米国amt社の『スタートレック』の宇宙船や、『エイリアン』『ブラックホール』のキットの紹介などをしているが、まだSF系ライターの確保が出来ておらず、私が自分でキットの工作記事を書いている。目新しいこととしては宇宙船の窓を光らせるために旧来のムギ球ではなく光学繊維（註1）を使っているが、これは渋谷の「東急ハンズ」でいろいろと仕入れた新材料の一つだった。

さらにガンプラ第一号となった発売されたばかりの1／144ガンダムを使って、「GM」への改造記事が載る。製作したのは小橋法彦氏で、小改造だがまだ発売されていないジムへの改造記事は注目を集めた。フルスクラッチは記事として参考にはなるものの、最終的にはそれなりの経験と技術が無いと模倣できないが、部分改造であれば基本技術を習得している者ならチャレンジできる。

ここでは従来どおりの「小改造によって、既存のプラモデルを別のタイプへと改装する」という、模型専門誌では定番の記事の範疇に納まる体裁でガンダムのキットを取り扱ったことも重要だ。

またこれは他所でも度々書かれていることだが、あえて触れておこう。ガンプラ第一号となったガンダムは全高約130ミリで設定身長に対して1／144だった。これは当初から300円売りを考えた際に、金型の体積を3オンスに収める必要があり、この中に全パーツのレイアウトを行った結果、本体の全高が130ミリとなり、そのサイズが劇中のガンダムの設定全長と対比すると1／144となったためだ。モデラーならご存知のように、プラモデルには国際スケールと呼ばれる縮尺があり、1／12、1／24、1／32、1／72、1／144と4の倍数となっている。戦闘機などの場合1／144、1／72はコレクション・アイテム、1／48はギミックが再現され、1／32はビッグサイズで作り込める等、それぞれのスケールによって種別があった。またAFVなどは鉄道模型基準のHOスケールに近い1／76、1／48、1／32がスタンダードで、英国エアフィックス社のAFVは1／76、米国オーロラ社は1／48、米国モノグラム社は1／32だった。しかしモーターを搭載する都合上、1／35で展開したタミ

註1
光学繊維
光学ガラスを素材とした繊維。自在に湾曲が可能で、一方から入射した光を伝達できるため、束ねることで画像も送れる。また装飾品として一つの光源から多数の発光効果を得られるため、室内装飾などにも用いられる。

ヤのＡＦＶは、当初これらに類さない独自のスケールだったが、なんと現在ではこの1／35こそが国際的に定番となっている。

当時としてはアニメ発のキャラクタープラモに縮尺表記がされているだけでも進歩的だったが、そのうえそれが国際スケールの1／144と表記できたことは、モデラーの琴線に触れる、非常に重要な要素であった。ガンダムをスケールモデルとして意識している、という意思表示でもあるからだ。これはガンプラを開発したバンダイのスタッフがスケールモデル世代であった、というところが大きい。

しかし後年、ガンプラからプラモデルに入って来た新しい層が増えると、バンダイには「なぜ1／100とか1／50で無く1／144とかいう中途半端なスケールで展開するのですか？」との質問が多数寄せられ、開発担当者たちはがっかりしたという。プラモデルを作ったことのない世代がガンプラを作り始めたのだ。

またこの号の巻末の非常に小さな記事で、前出のゲームのコマとして自作したＦＲＰ製1／435のザクとグフを読者10名様にプレゼントとしたところ、通常は数十件程度の応募があるところへ、数百通の応募が殺到することとなった。

「おんなじハガキがいっぱい来るんだけど…」と読者プレゼントを担当する筑城は困った様子だった。応募のハガキには、なぜそれが欲しいのかと、欲しい理由、必要とする理由などがつらつらと書かれていることも少なくなく、なぜ多くの読者がガンダムに魅かれるのか、その理由の一端を垣間見ることが出来る貴重な資料ともなった。

このゲームのコマは、非常に小さいが、しかし肩がいかり肩で首を竦めたようなモビルスーツの独特のシルエットをよく表現しており、アニメの中のイメージを見事に捉えていた。後にそれらが原型として使われた消しゴムも飛ぶように売れた。納品単価が1個何円どころか何銭単位だったため多くの外注業者が断る中、製造を請け負った業者はビルが建った、つまりそれほど売れた、という伝説を残している。

ここまでの流れの中で、『スター・ウォーズ』に代表されるSF系列のプラモデル、そしてアニメ発の『ガンダム』は、新しい読者に支持されることは判った。しかし10月号に着手する段階でまたまた事件は起こった。

4月に入社した新卒N君とS嬢がいきなり退社してしまったのだ。なんの前触れもなく突然の退社だった。正確な理由は分からないが、編集未経験という事もあり、恐らく編集業務が思ったものと違っていたのだろう。だが、欠員の補填はなされなかった。

この時点で編集実務に携わるのは、編集長と私、そして筑城だが、筑城は他に仕事を抱えており、本誌の方は巻末の読者交流欄程度しか手伝えない。つまり実質、編集実務は編集長と私だけとなってしまったのだ。

返答は分かっていたが「どうします?」と尋ねると、「二人で作るんだよ」と予測通りの答えが返ってきた。

当時のホビージャパンは116ページで600円。全国に流通しているいわゆる「全国誌」だ。雑誌の問屋にあたる取次を通しているので、決められた日時に、決められた部数を出荷し、毎月25日の発売日は守らなくてはならない。それを実質二人で回すのだから、もはや企画がどうの、内容がどうのではなく、とにかく間に合う内容を、間に合う作業工程で済まさなければならなくなってしまった。

それがどれほど無理のあることかは解っていたが、この頃になると、「なかなか大変な事態になりそうなので、私もこの辺で…」と言うわけにはいかなくなっていた。編集長と私でページの分担をすると、あとは任せるからどうにかして間に合わせてくれ、という状態となったのだ。

今回、この本の執筆にあたり、関係各位に取材し、創刊後の10年間を振り返ってみたが、

80年代になってもホビージャパンの制作体制の脆弱さは全く変わっていなかった、と言える。今思えばなんとかなっていたのが不思議なくらいだ。

社会に出ると「仕事はとにかく何よりも、終わらせることが最優先」ということを学ぶが、若かったこともあり当時は「こんなものだろう」と思っていたのでなんとか乗り越えられたのだと思う。

'80（昭和55）年10月号は、部数の向上のためには従来の人気特集の踏襲を、との主張どおり「松本零士の世界4」と題して同氏の作品の中から『黒死鳥4444』『ベルリンの黒騎士』『鉄の竜騎兵』などを選定し、戦闘機やサイドカーを製作。タカラから発売されていたテレビ版「アルカディア号」を映画版へ改造。また「ザク」を投稿してきた岩瀬、栗原コンビが松本作品の中の「コスモガン」4丁を作り比べ、更に岩瀬氏はバンダイの「コスモタイガー」を、栗原氏は別ページで1／15「パワードスーツ」をフルスクラッチしている。この他にも今までに3回行われた特集「松本零士の世界」を振り返り、以前に掲載した作例十数点を一挙に再掲載しているが、これも人員不足の表れだ。要するに以前の作例を再度載せるというのは、誌上における再放送のようなものだからだ。

SFワールドは『スター・ウォーズ』記事を掲載すべく某モデラーに依頼していたフルスクラッチのAT-ATが完成せず、あわてて私が引き上げて完成させた作例が載っている。

この号は表紙こそミリタリーだが、誌面の前半はほぼ松本零士特集とSFメカが席巻しており、今後の流れを暗示するような構成となっていた。確か表紙の原画も私が、大泉学園にあった松本先生宅へ借用に行ったのだと記憶する。

'80（昭和55）年11月号は表紙がガン専門誌と見間違うような「GUN」特集で、モデルガンでも発売されていないマイナーだが人気のアサルトライフルを自作するなどの新しい試みが成された。また1／1のプラモデルのガンから『スター・ウォーズ』のブラスターや

ＸＭ１７７、44オートマグカービンなどに改造する工作が紹介されているほか、松本零士氏の作品でお馴染みのサーベルと銃が一体化したサーベルガンも自作で挑んでいる。ガンプラはザクの改造が掲載されていた。

'80（昭和55）年12月号の特集は「日本の軍用車輌」と題し、知られざる日本の軍用車両を多数、スクラッチで再現するという異色なもの。一式半装軌装甲兵車（ハーフトラック）や五式中戦車など、マイナーな車両を自作する記事に加え、『コレクター』誌時代からのライターである五十嵐平達氏による「陸軍の正式車輌」として、旧日本軍の軍用車両が写真と図面資料つきで紹介されている。

ＳＦワールドでは栗原孝明氏が『謎の円盤ＵＦＯ』から「コンピューター衛星Ｓ.Ｉ.Ｄ」をフルスクラッチ。また米国ケナー社の46センチの巨大な「エイリアン」トーイをリアルに仕上げる記事や、やはりまだ専属のライターが補充できていないため、私自身が製作した米国ＭＰＣ社『スター・ウォーズ』「スノースピーダー」の作例を載せている。この号には『ガンダム』の記事はないが、バンダイの「ガンプラ」の1ページ広告が入っている。

巻末の奥付には数名のスタッフを装い編集後記が書かれているが、実際には、Ｏ、Ｔ、Ｋ、の3名のみ。Ｏは当時の編集長、Ｔは筑城、Ｋは私柿沼である。

'80（昭和55）年を振り返ると、それ以前よりはバラエティの豊かな記事展開を意識した結果、ＳＦそれも『スター・ウォーズ』や『ガンダム』といった特定のコンテンツに人気が集中するということは解った。そしてＳＦやアニメなどのキャラクターものを扱うページが固定されたのが大きな変化だろう。しかし、ガンプラは継続して発売されたが、『スター・ウォーズ』は映画公開前後に新製品は出るものの、次回作までのスパンが長すぎるのと、当時のキャラクターものの輸入キットは、『スター・ウォーズ』に限らず、国産のそれらと比べて、だいぶ見劣りした。パッケージは派手で大きいが、開けてびっくり、でかい上下分割の本体と20個程度のパーツで組みあがる「モナカキット」（註1）が多く、明らかに生産コストを極限まで下げて対処しているのが如実に見て取れ、ライターに作例を依頼しても、「このキットからホビージャパンに載せるような完成度の高い作例はほぼ無理」と断られるアイテムが多く、記事を作るのにも大変苦慮した経験がある。

'81年の『ホビージャパン』の動向

'80（昭和56）年1月号は特大号で、特集は「模型作りを楽しくする・特殊工作材料」となった。新年号なので増ページは決定しており、新しい事をやり部数を上乗せしたいという前提で始まった企画だ。

前年からすでにポリパテ、光学繊維、シリコーン（註2）による型取りなど、新しい材料、工作技法としてたびたび紹介しており、読者から多くの反響があったので、それらをこの際に纏めて行おう、と思っていたので、新年特大号でそれを実行した、ということだった。

この1月号は132ページに増ページとなり750円。これは前述もしたが「東急ハンズ・渋谷店」の存在が大きかった。ホビージャパン編集部からさほど遠くない渋谷にできた「東急ハンズ」は、言わずと知れた工材・工具の専門店だ。それも専門分野の素材を取り揃えていたので、ポリパテもシリコーンも光学繊維もラテックスもモデリングペースト（註3）も、ここ1店で調達できた。また従来の麦球に代わるより小さな光源として発光ダイオード（LED）も紹介して工作の幅を広めることを推奨した。

しかしそのような特殊な材料などは、地方の読者には入手が困難ではないのか？という懸念もあったが、当時は誌面を埋めること、できれば目新しい記事で埋めることで精いっぱ

註1
モナカキット
左右や上下を合わせるだけで完成してしまう、"中身の無い"安直な出来のプラモデルの俗称。簡素で粗悪なキット。

註2
シリコーン
ここではシリコーンゴムのこと。シリコーンを主成分とするゴム状の合成樹脂。粘性のある液体の状態で、硬化剤などの触媒を加えるとゴム状となるため、木やプラスチックなどで造形した原形の型取りに使用される。80年代においてホビージャパンが推奨することで模型店でも流通するようになった。

註3
モデリングペースト
本来はカンバスに絵を描く時などの下地材として販売されている大理石の粉末とアクリル樹脂とを混合したペースト。盛り上げることが出来るのでディオラマのベースや地面を表現するのに使用することが出来る画材。

いで、申し訳ないがそのあたりを配慮する余裕はまったく無かった。

果たしてこの号は予想以上の反響を呼び、質問のハガキや電話が鳴りっぱなしとなった。当然ホビージャパンを置いてあるポストホビー各店の店頭でも、ホビージャパンで紹介した新素材の問い合わせが増加し、結果としてこれら新素材の一部はポストホビーでも取り扱い、販売する事となった。これはなかなかいい循環と言えるだろう

またこの号には、今まで以上に大きくガンダムが登場し、発売されたガンプラを使った作例も複数載った。それは「首なしガンダム」や1／144ズゴック、1／100ドムなどで、岩瀬氏はポリパテによる『伝説巨神イデオン』の重機動メカ「ジグ・マック」のフルスクラッチモデルを製作している。部数は通常の6割増し程度だったはずである。

当時模型店などにはめったに流通していなかった「特殊工材」類は工作の幅を広めるという意味では珍しさだけではなく実用性もあったことも解説しておこう。

もともとプラモデルなどの原型は、木材を主材料として製作されていた。それを基に金型を起こしていたので、その原型を「木型原型」と呼んだ。実際60年代のプラモデル開発の大半は、ロウ型、石膏型のような特殊なものを除けば、まず木型を製作するところから始まっていた。しかしワンオフ物でモビルスーツなど、複雑な形状のものを製作する際は、もっと自由に形を造形するのに適し、細かくて目地の出ない素材が適しているとして、ポリパテを使っての製作記事が幾度かホビージャパンに載るようになっていた。

また複数必要なパーツは一つだけ原型を作り、それをシリコーンで型取りし、FRPや歯科用レジンなどで複製する方法などは、従来のプラモデルの工作の範疇ではなかったが、すでにそのような工作を行っているライター達がいた。これは例えば戦車の転輪を1つ作れば、シリコーン型が壊れない限り、いくつでも同じものが複製できるという新しい可能性を秘めた工作技術であった。

さらに当時の『ニューヨーク・スターログ』や『ファンタスティック・フィルムス』といった海外のSF専門誌やそれらの別冊、SF映画のメイキング本には、プラモデルのパーツを複製して、撮影用メカをディテーリングする技法や、光学繊維を使って宇宙船モデルの窓を光らせる工程が載っていた。それらはそのままプラモデルの工作にも使えるので誌面で紹介したわけだ。

ポリパテことポリエステル・パテは、もともと自動車の補修などに使われるものだが臭気がかなり強烈で、個人のモデラーが趣味で使うような少量では販売されていなかった。光学繊維は、もともとインテリア工作など工芸品の素材として販売されていたが、前述のように宇宙船の窓を光らせるには最適だった。この他にもモデリングペーストなどを紹介。従来はディオラマのベース作成などは、簡単に入手できる石膏が用いられていた。石膏なら学校で使った経験もあるだろう。しかしそれに代わる素材として、本来は画材であるモデリングペーストや壁の補修剤などを紹介する事で、読者に新しい刺激を与えることに成功した。

そして前記のように、この号は特大号であるため、部数は数千部ほど上乗せされ、微速前進ながらここへ来て部数は連続して右肩上がりとなり始めていた。

’81（昭和56）年2月号の特集は「ドイツの番外戦車」、つまり鹵獲（註1）された連合軍戦車というマイナーな企画。ディオラマのアイデアとしては面白い。「ガンプラ」ではザクが登場。また映画『サンダーバード6号』から「複葉機タイガー・モス」を、マッチボックス社のキットを使い劇中と同じマーキングにて「サンダーバード6号」を再現している。

そして’81（昭和56）年3月号はターニングポイントになる一冊となった。表紙は遂にガンダムのみとなり、3体のドムのキットを使って「ジェットストリームアタック」を再現したメインビジュアルにジム、ガンダムのオンパレードで、「ガンダムワールドII」と題したガンダムの特集号となった。

註1
鹵獲
戦闘などの結果、敵の兵器や物資を奪う事。戦場においてそれらを捕獲することの軍事用語。鹵獲した兵器などをそのまま使い続ける場合などは、国籍章を書き変える場合もあり、プラモ工作やディオラマ製作のソースとなり得る。例えば米軍が鹵獲した零戦を調査、飛行テストする際には日の丸を消して米軍の白い星に書き換えたが、それだけで別の機種に見えてしまうという不思議な現象が起きる。

製作は小田雅弘氏、川口克己氏、高橋昌也氏、勝呂國弘氏らストリームベースである。また小澤幸一氏によるポリパテを主材としたフルスクラッチによる1／144の巨大な「ガンペリー」も掲載された。

この頃になると、すでにガンプラが多数発売されていたので、メイン記事はそれらを使っての工作指南である。ここをこうするともっと良くなる、というかつてのスケールモデルの組み立て工作記事と同様にガンプラを扱い始めており、そういう意味では旧来と変わらないが、もし数年ぶりでホビージャパンを開いた往年の読者がいたのなら、腰を抜かすかもしれないほどの変化を遂げていた。そんなオーバーなと思われるかもしれないが、誌面の前半は人型のモビルスーツのディオラマで、続くSFアイテムは米国モノグラム社の『宇宙空母ギャラクティカ』の窓を光らせる工作だ。2年程前のAFVや大戦中の戦場ディオラマが主体の誌面とは様変わりが激しすぎる。

このように変貌を遂げたホビージャパンの記事の影響は小さくなく、バンダイ静岡工場の加藤智氏がガンプラのテストショット（註1）のT2（二度目のテストショット）が上がると、毎週金曜日に代々木の編集部まで届けてくれるようになった。加藤氏はバンダイの商品と出版との連動を模索しており、『模型情報』（註2）や後の『B‐CLUB』（註3）を立ち上げて行くことになる。

当時の市場の様子を覚えている方がおられるのなら、恐らくガンプラ発売直後よりは、この3月号が出た後の方が売れ行きが良くなったと指摘されるはずだ。専門誌を読んでまでプラモデルを作ろう、などとするのはある意味ハードユーザーだ。従って彼らへの記事の影響は絶大で、『スター・ウォーズ』のミレニアム・ファルコンを紹介すると、それを取り扱っている専門店の店頭からキットが無くなる、などということが頻繁に起きたほどだ。輸入キットで当時8000円前後もする高額なプラモが、入荷と同時に売り切れるという現象

註1
テストショット
新しく作った金型からパーツが正しく成型されるか試験的に打ち出したパーツのこと。打ち出されたパーツの状態を見て、必要な場合は金型の修正を行う。テストショットの状態を区別するため、最初のテストショットをT（トライ）1、二度目のものをT2等と呼ばれることが多い。

註2
『模型情報』
バンダイの自社製品、特にプラモデルを中心とした広報を主眼とした小冊子。模型店を中心に流通され、販促を目的とした情報誌であるため、情報は速く、バンダイの扱うプラモ商品などが増えたためそれらの認知も目的としていた。'79（昭和54）年～'94（平成5）年まで発行され当初無料配布から100円、200円と価格変更し、判型も変化した。

註3
『B-CLUB』
'85（昭和60）年～'98（平成9）年までバンダイ出版課から発行されていた模型雑誌。誌上で

は、プラモデル最盛期の60年代にまで遡っても耳にしたことのない現象であった。特に若い読者は敏感で、ホビージャパンが発売されるとその翌日、記事で採り上げた商品を買い求めに来る、という現象を耳にするようになった。専門店の店長などから直接そんな話を聞くにつけ、読者の年齢層の低下にはいろいろな意味で気を配る必要がある、と感じ始めたのを覚えている。彼らの反応は驚くほど素直だということだ。

この'81（昭和56）年3月号の部数は、一年前の3月号と比べてすでに3倍に届いていたはずだ。これは10年間超えられなかった壁を一気に超えてしまったことになる。佐藤社長はSF、ガンダムでなら部数が上向くことはすでに承知していたが、3倍の部数を刷る決断を下すまでには相当悩んだ様子だった。しかし結果は、その部数では全く足らない状態が発生し、いよいよただならぬ様相を呈し始めたことを実感できた。

3月号は発売以降、書店からは増刷しないのか、という問い合わせが相次いだ。こんなにも引きがあるのはなぜなのかと、佐藤社長が戸惑うのも当然だった。何しろ『ガンダム』は本放送時点では人気に火が着かず、放送当時のスポンサーは倒産の憂き目にあい、バンダイがサルベージした形で市場にガンプラが並んだ、とするのが、業界内の見解だったからだ。'81（昭和56）年3月号の時点では本放送終了からすでに1年以上も経っていた。だが「ようやく周囲が追い付いてきたようだ」とするのが、ホビージャパン周辺のライターやマニア、モデラーの見解だったのだ。

'81年の新卒採用

市村弘（現・株式会社アートボックス代表取締役）は'81（昭和56）年春、武蔵野美術大学・工芸工業デザイン科を卒業した新社会人だった。彼も私と同じ昭和33年生まれである。

紹介した作例をガレージキットとして販売する際のブランドとしても『B-CLUB』を用い、また誌上で会員を募り、限定商品を販売した。後継雑誌として『電撃B-Magazine』があり、それは後に『電撃ホビーマガジン』となる。

とりわけ明確な進路を決めていたわけではないが、多くの工業製品がそれまでの木や金属などの既存の素材からプラスチックへと急速に移行しつつあった時代だったということもあり、特にプラスチック造形に興味を持ち、プラスチック造形を専攻していた。それは〝プラモデルが好きだったから〟という彼自身の指向性と無縁ではなかったかもしれない。そして彼もホビージャパンの読者だったのだ。しかし次第に絵画に興味を持ち始め、イラストレーターを目指すようになった。

「それも明確な目的ではなく、なにか定職に就きながら、空いた時間に絵でも描けたら」という程度のものだったと、彼は回想する。しかし卒業が近づく頃には絵で食べていけるとは思っておらず、現実的にならざるを得なかった。画材店の店員やそれに類する職種が適当であろうかなどと思惑を巡らせるうちに、ホビージャパンの編集員募集を知る。

編集者になるつもりではなかったが、代々木の編集部で面接を受けるとすぐに採用通知が届いた。編集実務を担当する者の補填が急務であった、という社内事情による即時採用だった。しかし編集作業の経験も無く、ましてや誌面のレイアウトなど未経験であった彼は、入社後直ぐにそれらの業務に従事することとなり戸惑った。

「カメラにしてもピントくらいは解っていましたが、絞りや被写界深度などという専門的な知識は全くないままに、すぐにライターの十川さんの担当となったのです。しかし、ディオラマの製作途中を撮影すると、深度が浅く使い物にならず、十川さんから苦言を呈される、と言う具合で。実際、写植も版下も知らなかったのですからよくやっていた、というよりもよく任されたと思いますよ。誌面のデザインにしても、専攻していた工芸デザインとグラフィックデザインではまったく違いますからね」と振り返る市村だが、入社して最初に驚いたのは、朝から晩まで鳴り続ける電話だった。

「ちょうど'81（昭和56）年3月号（黒い三連星が表紙）の出た直後だったため、読者や書店から、3月号が手に入らない、在庫は無いのか、という問い合わせが一日中殺到し、もの凄い反響だなぁ、と驚いたのを覚えています」と語る。入社早々であったため電話番を任されていた彼がその反響に一番驚いたのかも知れない。

この時点では記事を書くにあたっては、対象はまだ従来の読者たちと仮定していた。つまり模型工作スキルの高いモデラーたちだ。従ってモビルスーツの塗装の解説においても「ネービーブルーに20％ブラックを混ぜる」などと記述していた。しかしガンダムの工作記事を心待ちにしている読者の多くはプラモの製作経験のない中学生、小学生となっていた。そのため「ネービーブルーは何処で売ってますか？」「いっぱいの瓶に更に20％塗料を加えたら溢れてしまうんですが」などなど基本を遥かに下回る類の質問や問い合わせがひっきりなしとなり、それを受ける市村は、可能な限り丁寧に答えようとは試みたが、それでも限界はある。

「ガンダムの工作記事を書く時は、初歩から丁寧に解説してください!!」と彼から苦言を呈されたこともあった。つまりは塗装する時には模型専門の塗料を使おう、乾くまでは待とう、塗料を混ぜる時は、予め空の瓶を用意しておこう…などと言う初歩の初歩の解説が必要となって来たのだ。

部数が堅調に伸びはじめた要因は、それまで扱っていなかったSFやアニメ、『スター・ウォーズ』や、とりわけ『機動戦士ガンダム』の記事であることは明確であった。そうなると必然的に経営者たる佐藤社長は、方針転換を決意する。

それまでも事務所内でことあるごとに大声で号令をかけ、怒鳴る事案は日常茶飯事で、しかしそのような場合は本気でないことが多い、と書いたが、しかし、突然喫茶店に呼び出されての相談となると話は違う。

‘81（昭和56）年3月号の好評を受けて「毎月表紙をガンダムにして、毎月ガンダム特集に出来ないか」という佐藤社長からのストレートな相談だった。長年のホビージャパン読者であったため、それまでも幾度かの路線変更は目の当たりにしてきた。従って、ホビージャパンはこうして路線の刷新・変更を続けて来たのだなぁなどと思いを馳せたが、しかし、そうするにはひとつ気になる点があった。「そうすると読者が中学生どころか小学生ばかりになってしまいますよ」と告げると「いいんじゃないですか?」とあっけに取られるような答えが、間髪入れずに返ってきた。記憶が定かではないが「それで何か問題が?」という言葉が続いていたかも知れない。そして、この重大な案件は編集長を通していないことも確信できた。

10年間一向に増加しなかった部数が突如3倍になれば、経営者としてこれは当然の判断だろう。新しい事をやらなくては、と進言しておきながら、実行段階になって保守的になるのは天邪鬼だが、任せると言われると尻込みするのは誰にでもある警戒心によるものだろう。

後年振り返って見ると、読者の年齢層が著しく低年齢化することに危機感を覚えていたのは、単なる私自身の主観に過ぎなかったのだと気が付いた。思い返してみれば私自身も小学生でホビージャパンを読んでいたのだから、妙な懸念ではある。小学生でも数年経てば中学生だ。読者や視聴者を育てる、という包容力のある考え方が出来るようになったのは、30歳を過ぎてからのことだった。

加えて言えば私は特に創刊から数年間のホビージャパンが好きだった。「ミニカーやプラモが好きな大人たちが、寄り集まって作っている同人誌」のようなニュアンスが、手作り感が好きだったのかも知れない。学校の教科書以外で、子供には難解な表現を使う大人の文体に触れられるのも新鮮だったのだと思う。今でもその中の記事の幾つかは諳んじられるくらい記憶している。だからその〝基軸〟を自分の手では変えたくなかったのだろう。

投稿されてくる手紙は、読者たちの動向を知るのに最も貴重な情報源だ。万年筆による達筆な手紙は恐らく40代の読者からのモノである。「貴誌に関する考察」と題されており、「最近のホビージャパンはガンダムばかりに誌面を割くので〝モビルジャパン〟と揶揄されているのをご存知ですか？　早く元の定期路線に戻って、ディオラマの工作技法等の解説に誌面を割いて頂きたい」という耳の痛い意見も散見されるようになってきた。しかしある日、読者投稿ページ担当の筑城から「こういう意見が多いんだけれど、これ載せていい？」と差し出された、平仮名だらけの手紙には流石に閉口した。

「むかしのせんしゃやせんとうきをのせるのはやめて、ぜんぶスター・ウォーズの宇宙船と、モビルスーツのかいぞうだけをのせてください。そうすればまい月かいます」。このような趣旨の手紙が多数寄せられるようになるに至っては、言い知れぬ不安を抱かずにはいられなかった。路線を大きく変えて、その後一過性のブームの如くこの流れが消失してしまったら、恐らく旧来の読者を取り戻すのは不可能だろう。

火をつけておいて後ずさるのも妙な話だが、読者の動向は加速度的に、今まで扱ったことのない方向に急速に流れ出していた。編集部の中に相談できる相手がいないと考えたのか、定期的に行われていたポストホビーの店長たちを集めた会議の後で、佐藤社長は結論を持ってきた。ポストホビーの店頭でもホビージャパンは売っている。３月号完売を受けて各店長の意見を聞いたのだ。

「ホビージャパンも10年やって来ているのだから、基本路線は変えずに、『スター・ウォーズ』も『ガンダム』も人気のある限り掲載していく。そしてさらに『ガンダム』は別冊で展開してはどうか」というものだった。

当時、ホビージャパンはまだ別冊を出したことが無かったのだが、しかし納得のいく落としどころだろう。

『スター・ウォーズ』や『ガンダム』が読者を増やすのであれば、本来はビジネスライクに躊躇なく、そちらに舵を切るべきだったのだ。だがしかし、そこはもしかしたら趣味の専門誌の難しい所かも知れない。突然路線を全面変更するのではなく、徐々に、恐る恐る慎重に、ＳＦやアニメ系の記事を増やして行ったことは正解だったのかもしれない。

『スター・ウォーズ』には『スター・ウォーズ』専門のライターが必要。

『スター・ウォーズ』第一作目には多くの宇宙船やビークルが登場し、また多くの宇宙人を始めとするキャラクターが登場する。それらは米国の玩具メーカーによってフィギュア化され、世界中で非常に良く売れた。しかし当初プラモデルとしては、米国ＭＰＣ社のキットが僅かに4点と、国産タカラのキットが４点のみだった。そして国産のキットは当時の感覚で子供向けとして作られていたので、模型専門誌での工作記事にはあまり適していなかった。

『スター・ウォーズ』はホビージャパンとしても新しい分野で、明らかに今後広がりを見せる分野である。そうなると『スター・ウォーズ』を展開するにあたってはフルスクラッチの記事を展開するしかない。しかしその時点ではまだＳＦ系専門のライターはいなかった。何でも作る「雑食モデラー」もいないことは無いが、航空機モデルとAFVとが別ジャンルであるように、『スター・ウォーズ』と『ガンダム』はそれぞれが別のジャンルで、安直に十羽一絡げとはいかないのだ。

ホビージャパン創設時には佐藤社長自らがポストホビーの店頭に立ち、顧客の中からライターを探し、記事を依頼していたと書いたが、まだ誌面上でもこれから市民権を得ようとしているジャンルであったＳＦやアニメ系のライターやモデラーを探すのは、インターネットもフェイスブックも無い当時、なかなかの難題だった。前述のとおり、私自身が編集作業と掛け持ちで、米国ａｍｔ社の『スタートレック』の宇宙船などの製作記事を書かいていたのではらちが明かない。

ある時神奈川県にある百貨店まで出向いた際、模型売り場を覗いてみると、ショーウィンドーの中の一つの作品に目が留まった。その「U-ボート」は米国レベル社のキットだった。顔を近づけてみてさらに素晴らしい出来に感心した。排・入水孔は恐らくすべて作り直してあり、手すりやマストも自作に違いない。感心しきりで一度その場を去り、駅に向かったのだが途中で踵を返し、模型売り場に取って返して、ホビージャパンです、と自己紹介した後に作者のことを尋ねてみた。するとわざわざ作者の勤務先に電話をして頂けた。電話に出た作者は予想どおり繊細な口調で、こちらの質問に答えてくれた。いろいろと工作の詳細を尋ねた後に、「どれくらいの製作期間を掛けられましたか？」と尋ねたところ「一年」という答えが返って来た。

いや、会社勤務をしているサラリーマンであるのなら、帰宅してから、或いは休日を使ってコツコツとプラモデルに手を入れて工作する。それが本当の楽しみ方で、本来のペースなのだ。しかしホビージャパンの作例となると話が違う。特に新製品や映画やアニメの作例などは、タイムリーさも必要で、１ヵ月どころか二週間、いや極端な時には一週間で仕上げて頂きたいときなどもある。

もしも必要な時には、作品をお借り出来ますか？と言って受話器を置いたのだが、当時は模型屋もまだ多く、その店頭のショーウィンドーにはその店の常連客の腕自慢の作品が必ず並んでいた。ライターの発掘にはその辺からあたるのが良策なのは間違いないのだが、ある時タミヤ１／35のＭ３ハーフトラックの素晴らしい作品が目に留まった。作者を尋ねてみると、なんとそれはホビージャパンのライターの作品だったなどということもあった。

しかし、ホビージャパンが『スター・ウォーズ』の記事を載せたことを受けて、ＳＦ系の作品の投稿などが急に増え始めた。そしてある日、投稿されてきた封筒を開けて驚いた。モノクロの小さいサービスサイズの写真だったせいもあるが、そこに映っているAT-ATとスター・デストロイヤーはどう見ても本物、つまり劇中で使用されている撮影用モデルにしか見えなかったのだ。AT-ATのボディは平面に見えるが、やや湾曲しているし、スター・デストロイヤーの無数の窓はすべて発光している。住所と名前が書かれていたので早速連絡して作品を持参して頂いた。

佐藤直樹氏は『スター・ウォーズ』を見て以来、スクラッチビルドでそれらに登場するメカを作っていた。資料の無い中、プラ板を主材料としての工作だった。精度も凄いがデストロイヤーは全長が80センチで、とても一人で完成させられる代物ではなかった。しかし当時彼は浪人生であったため、製作に時間を費やすことが出来、ひたすら工作に打ち込んだ結果だったが、プロの作品を見慣れている我々も相当驚く程の完成度だった。同時にここで改めて感じたのは『スター・ウォーズ』にはそれだけの魅力がある、ということだ。資料も無い中、全くなにも無い所から、撮影用モデルと見違えるようなモデルを作り上げるそのカロリーと執着心には、ただただ頭が下がるばかりだ。スター・デストロイヤーの表面には、凹凸ディテール再現のため、プラ板から切り出した何百という「細切りプラ板」が貼られていた。それだけを取っても一人で行うには気の遠くなる作業である。

彼はこの他にも「ミレニアム・ファルコン」も自作しており、それらの作品はホビージャパン'82（昭和57）年6月号に載っている。彼は後にプロモデラーとなり、『ホビージャパン』『モデルグラフィックス』『B-CLUB』などで活躍したが、'19年現在はマックスファクトリーの製作部に籍を置いている。

やはりコンテンツ発のプラモとなると、どれだけそのコンテンツに入れ込んだか、感情移入したかが重要だ。最初のザクの投稿者が両者とも昭和33年生まれであったことは、それらをモデリングする世代、年齢層を象徴していた。「ストリームベース」のメンバーも昭和35〜36年生まれである。

彼らの世代がメインライターとなって、ようやくホビージャパンの12年目にしての、ある意味での再始動が始まろうとしていた。

マニア系資料本など無い時代だが、いい加減なことは書けない

『スター・ウォーズ』に限らず、海外の映画コンテンツを扱うのは、旧来のスケールモデルを取り扱うのと根本的に異なった部分がある。今と比べれば当時はいろいろと「緩い」時代ではあったが、それらコンテンツには「版権元」があり、ライセンスを管理しているライセンサーがいると言うことだ。

スケールモデル、つまり戦車や航空機は、少なくともその形を模したプラモデルに関しては誌面に掲載するだけであれば手放しだった。模型メーカーが自動車メーカーに、御社の新しい車種をプラモ化させてくださいと言うと、ぜひどうぞと、分厚いファイルに入った写真資料と図面一式を貸し出してくれたそうである。

タミヤが、まるで本物を縮小したような1／12ホンダF-1マシンを造れたのも、そういった資料が入手できたからだった。

しかし、特に海外のコンテンツとなると、当時もそれなりに気を使った。『スター・ウォーズ』は窓口が幾つかあり、私が行きあたったのは、東京タワーが見下ろす芝にあった「20世紀フォックス・極東支社」で、古めかしい大きなビルの二階にあり、エレベーターを降りると文字通り金色の20世紀フォックスの「金看板」が目に飛び込んだ。担当は広報のH氏で、いつも窓際で英文タイプライターを打っていた。当時『スター・ウォーズ』は本編だ

けでなく日本語吹き替え版の上映などもあり、折に触れて掲載許可の申請とスチール写真を借りに行った。

映画の上映やテレビ放映の前後なら、パブリシティとして、雑誌等のメディアに対しては無償で掲載許諾が下りるので、「20世紀フォックス・極東支社」には何度となく足を運んだが、スチール写真を借りる際、メカの写真ばかり借りるので、「役者の写真とかは必要ないんですか?」と言われることが多々あった。

『スタートレック』は有楽町のリッカー会館の中に配給元のCICがあり、『エイリアン』や『トロン』『ブラックホール』は有楽町の東宝、ワーナーは新橋で『サンダーバード』『謎の円盤UFO』は青山の東北新社だった。掲載誌は一冊見本として送るのだが、2冊の場合もある。これらの手数は、かつてのスケールモデルの記事には必要無いものだった。

さらに『スター・ウォーズ』のような作品となると、記事にしてもいい加減なことは書けない。当時はマニア系解説書なども皆無であったため、海外から入って来る情報に頼るしかない。公開からだいぶ経ってメイキング本『ART OF THE STARWARS』が入ってきた。銀座の洋書屋や、ホビージャパンの広告主でもあった西山洋書などに出向き、SF雑誌の代表であった『ニューヨーク・スターログ』やそれに類する雑誌から情報を求めた。

また当時はネットもYouTubeもないわけで、映像とはすなわちフィルムのことだった。当時、渋谷西武の2階の渡り廊下に「フィルムショップ」があり、そこには家庭で観るための8ミリ映画や16ミリ映画のフィルムが売られており、70ミリフィルムから切り出したコマフィルムも売っていた。

滅多に手に入らない『2001年宇宙の旅』『スター・ウォーズ』などのカットもあり、

そこでようやくクライマックスの空中戦カットをゲットした。

拡大してプリントするとなぜかピントが甘く感じられるのは、制作予算の限界から、本来なら最大の売りである空中戦のシーケンスを、70ミリではなく35ミリで撮影し、後に70ミリにブローアップしていたからだ。このことが災い転じて劇中の宇宙船モデルが、玩具っぽく見えない理由の一つだった。

空中戦は合成カットなので、1カットに宇宙船、星空、ビーム、爆発エフェクト、多重露光による噴射光などなど、複数のフィルムを合成する必要があったため、予算が超過してしまうのだ。これら劇中の70ミリを拡大することで、撮影用モデル自体は極度なマット（艶消し）仕上げなのに、劇中では光を弾く光沢を放つように見えていることなどを突き止めた。空中戦はほぼすべてが長時間露光のため、また合成用のブルーバックの反射を受けないようにマット仕上げだが、劇中ではそう見えないということだ。

また資料からX-ウィング・ファイターは、式番をインコム-T65型宇宙戦闘機ということなどは、恐らく唯一ホビージャパンだけが当時伝えた情報だ。

このようにプラモデルに投影すべき情報を得るのはなかなか大変で、『宇宙戦艦ヤマト』や『ガンダム』などに比べ、海外作品はいろいろと骨が折れた。

前述したが、当時これらの作品を誌面で扱いながら、最大の懸念は、このように「語るに足る」作品が今後も登場してくるのか？と言う点だった。路線変更したはいいが、それらが一過性で、同等のポテンシャルを持つ後続作品が登場しないのであれば、再び急いでスケールモデルへ戻るという逆行を行うしかなかったからだ。しかし懸念は思わぬ結果として掃われた。それらのコンテンツ、つまり『宇宙戦艦ヤマト』『ガンダム』そして『スター・ウォーズ』は、ほぼ永久コンテンツとなって、30年以上を経た今日も健在だからだ。それは現在のホビージャパン誌面を見れば明かだ。

当時のスタッフたち

当時、我々と共に仕事をして、後に『モデルグラフィックス』でも活動するカメラマン、奥村氏についても触れておこう。

それまで表紙はスタジオアールが担当し、誌面の写真の大半は編集部スタッフが社内で撮影していたが、'80年中盤からはカメラマンの奥村正己氏が担当した。それまで誠文堂新光社で撮影やオーディオ関係のライターをしていた彼は、ホビージャパン編集部に撮影対象の模型作例が揃う月中盤になると、自宅の川崎からカメラや照明機材一式をバイクに積み、代々木の編集部へとやって来て35ミリ、及び4×5サイズの撮影を行った。撮影スタジオを立ち上げることを夢見ていて、ページ数が増えるとともに増えていく撮影点数を精力的にこなしていった。身長188センチ、58キロの痩身、高身長の体形は一度会ったら忘れない容姿だった。彼は'84年までホビージャパンのカメラマンとして活動したが、撮影料金の交渉が折り合わず、ホビージャパンの仕事を降板することとなる。が、後述する松本邦之、市村弘らの一斉退社の後、松本から新雑誌創刊の相談を受ける。出版社を探していた松本に対し、奥村は以前から付き合いのあった誠文堂新光社を紹介したがそこでの話は成立しなかった。しかし次に持ち込んだ大日本絵画が版元（雑誌・書籍の発行元）となることで合意が成立。そして新規立ち上げとなった月刊誌『モデルグラフィックス』のメインカメラマンとして活動し始める。

モデルグラフィックス編集部が最初に入居した神楽坂のマンションの一階に撮影スタジオを借り、'88年にスタジオ「インタニヤ」を設立。その後、出版社を中心とした数多くのクライアントを獲得し、早稲田により大きなスタジオを構え、'19年現在も同所で業務を行っているが、昨今のデジタル化、及び広告の動画化の傾向に合わせ、デジタル動画部門の拡張を推進している。ホビージャパンと一度は袂を分かったものの、現在はホビージャパンの撮影も一部担当している。

また'90年代初頭、インタニヤを訪れた円谷プロダクションのスタッフから、ウルトラマンの新シリーズ（ウルトラマンパワード）のスーツアクターにならないかとの熱心な誘いを受けている。ウルトラマンになれるのは嬉しいが、当時は既にカメラマン多数を抱える撮影スタジオの経営者であったため、断念した。前述のとおりの痩身、高身長という彼の体型は、正にウルトラマンには打って付けであったのだ。

ようやく揃い始めるSF系ライター

'82（昭和57）年になると、ようやくSF系のライターも揃って来た。『スター・ウォーズ』にはそれ専属の、『スタートレック』にはそれ専属のライターが必要、とはすでに書いたと思うが、専門性が高くなると、そのように細分化して行かざるを得ないのだ。

当時、中央大学・特撮研究会の一人であった山田輝穂氏がいた。彼の住居はホビージャパン編集部からほど近い初台にあったため、「モデラー訪問」と言うコーナーでお邪魔した。するとテレビシリーズ『スペース1999』（'74～'75年）の宇宙船群が待ち受けていた。数十機にも及ぶそれらは、すべて彼のフルスクラッチによるワンオフ物で、撮影用プロップよりもスケールダウンこそしているが、劇中のそれらに実によく似ていた。

特にメインメカの宇宙船「イーグル号」は、テレビから抜け出したような精度だった。加工し易いバルサなどを主な材料とし、表面をパテでコーティングして仕上げるという独特の手法で、どの宇宙船のどの曲線も実物そのもので、コンテンツ自体に心酔していることが見て取れる、そんな完成度だった。

'85（昭和60）年に日本で公開されたファンタジー映画『ネバーエンディング・ストーリー』のプロモーションのため、特撮監督のブライアン・ジョンソンが日本の版権窓口、青山の東北新社にやって来た。

『エイリアン』（'79年）でアカデミー視覚効果賞、『スター・ウォーズ／帝国の逆襲』（'80年）でもアカデミー特別業績賞を受賞している世界的な特撮効果の第一人者だ。彼はまた『サンダーバード』（'66年）のセカンドユニットの特撮監督でもあり、『スペース1999』の特撮監督でもあり、前出の宇宙船「イーグル号」を作ったクリエイターでもあった。

英文科の語学力を買われた山田輝穂氏は、ブライアン・ジョンソンのインタビューのために東北新社に出向いたのだが、前出の自作の「イーグル号」を持参した。するとインタビューもそこそこに、山田氏の「イーグル号」を指さしたブライアンが、対話中何度も「You made?」（君が作ったのか？）と尋ねてきた。ブライアン自身が作ったそれに、驚くほど似ていたからだ。

山田輝穂氏は『スペース1999』や『サンダーバード』など英国、ジェリー・アンダーソン作品のファンで、後には英国のスタッフたちとのエアメール（手紙）のやり取りによって、撮影用モデルの資料を入手し、ホビーワークを深化させていった。

彼の作品は'81年〜'83年のホビージャパンでたびたび誌面を飾った。このように、ようやくSFでも作品ごとに細分化したライターが現れた。

'82年のホビージャパンの動向

'82（昭和57）年1月号はプラモデルを使った「特殊撮影」の特集だった。表紙は、山田輝穂氏のフルスクラッチによる前出の「イーグル号」だ。離発着用のベースも彼の手による。表紙にはほかに「ダグラム」「AT-AT」「グフ」などが載っており、一見SF雑誌と間違えるような表紙となっていた。またカラーページでは呉光雄氏によるミリタリーディオラマも紹介されている。

特集はプラモを使ってリアルな1カットを撮ろうという提案で、ミリタリーからSFまでさまざまなジャンルに応じた撮影法を紹介している。SFでは表紙にもなった「イーグル号」を始め、映画『2001年宇宙の旅』の「エアリーズ号」、同じく映画『アウトランド』の「アウトランドシャトル」などの着陸シーンを再現。特集に登場する「ノストロモ号」、「アウトランドシャトル」、「ムーンベースアルファ」などはすべて山田輝穂氏のスクラッチと、大活躍だった。また川口克己氏が、タカラから発売された1／48「ダグラム」を使って、第一話の「クラッシュしたダグラム」を、また岩瀬昭人氏は、バンダイ1／400「ライディーン」を使って巨大な人面岩を作っている。「ガンプラ」は1／144「グフ」、「旧ザク」に加え「ド・ダイ」、山田卓司氏は1／20ガンダムフィギュア、小澤幸一氏は『スター・ウォーズ』から「ホスの戦い」を製作。誌面のちょうど半分がスケールモデル、残り半分がSF系というバランスになっては来た。

またこの号では、言うまでもなく佐藤社長、肝入りの新雑誌「タクテクス」（註1）の発刊告知がなされていた。

'82（昭和57）年2月号の特集は「プラモ工作基礎講座」で、表紙は山田卓司氏による米国mpc社の「ヨーダの家」のディオラマキット。また「スクラッチビルドオブスターウォーズ」として、『スター・ウォーズ』のラフスケッチから完全自作でメカを作り起こす企画がスタートする。前述のように、『スター・ウォーズ』は連載に対応する程、新キットが発売

註1
「タクテクス」
'81（昭和56）年、ウォー・シミュレーションゲームの隔月刊誌として創刊し'85（昭和60）年から月刊化、'90（平成2）年に休刊。ホビージャパンが本誌以外では初めて出版した定期刊行物。ウォー・シミュレーションゲームの専門誌としては日本初であった。

されなかったため、手間はかかるが完全自作するしかなかったのだ。

'82（昭和57）年3月号は「レタリング&マーキング」特集で、表紙にはダグラムが登場。SFは『スター・ウォーズ』の「AT-AT」のスケッチ版のスクラッチというかなり深い所へ向かい、ガンプラは1／60の「ゲルググ」、「グフ」、など、次々とロボット系アニメの新キットが発売されるため、そのレビューで忙しくなっている。

'82（昭和57）年4月号は「ドイツ対空自走砲」の特集だが、表紙はモビルスーツの「ギャン」と十川俊一郎氏による連合軍戦車のディオラマだ。「スクラッチビルドオブスターウォーズ」二回目は盛国治也氏による「スカウト・ウォーカー」のスケッチ画をフルスクラッチしている。

'82（昭和57）年5月号は「素晴らしき駄物キット」と題し、市販の玩具などをリアルに仕上げる工作を紹介。2月号からの流れで『スター・ウォーズ』の設定スケッチから「AT-ST」をフルスクラッチで作っている。そして本号より、いよいよ横山宏氏の「SF3Dオリジナル」がスタート。新しいムーブメントの始まりとなるが、詳しくは後述することとする。

'82（昭和57）年6月号の特集は「そしてまたスター・ウォーズ」。表紙の「スター・デストロイヤー」と「ミレニアム・ファルコン」は、前出の佐藤直樹氏のフルスクラッチによるものでデストロイヤーの窓がすべて発光しているのが壮観だ。私も斥新一というペンネームで米国mpc社の「ミレニアム・ファルコン」を作っている。中でも大里元によるフルスクラッチ「Y-ウィング・ファイター」は、劇中の流用パーツに似せたパーツを集めて完成させた労作として注目を集めた。

'82（昭和57）年7月号は「ドイツの誇る重戦車KINGTIGER」特集で、タミヤ、ニチモ、フジミのタイガーが集結。これらは従来の路線だが、表紙には「SF3Dオリジナル」の「ホルニッセ」が早くも登場。まだMAX渡辺名義を名乗る以前の渡辺誠氏がバンダイの「リブギゴ"改"」でライターデビューしている。またこの号ではライセンサーからの依頼でアニメ『テクノポリス21C』の登場メカをフルスクラッチで立体化。これを契機に後にアオシマのキット化に繋がっていく。

'82（昭和57）年8月号の特集では「'82NEW KIT SELECTION」と題してバンダイの「アラレちゃん」シリーズに始まり、「ガンプラ」、タカラの「ダグラム」、アオシマの「イデオン」などが勢ぞろい。

'82（昭和57）年9月号は特集を「映画のキャラクター」とし、表紙は『スター・ウォーズ』の新キット「スレイブI」と映画「U-ボート」。記事では『ブレードランナー』の「スピナー」、「ファイアーフォックス」を作っている。

'82（昭和57）年10月号は「FAIRCHILD THUNDERBOLTII」特集。誌面では初のキャラクター系ガレージキット（註1）であるゼネプロのバキュームフォームキット（註2）の「ジェットビートル」を紹介。

'82（昭和57）年11月号は「VIVA! V.F.KIT」特集としてバキュームフォーム成型によるスケールキットを紹介。第二特集『エイリアン』では、「ノストロモ号」「スペースジョッキー」「リプリー」などをスクラッチで製作した。ガンプラは正規のモビルスーツではなく、劇中には登場しなかった没メカたちを紹介。

'82（昭和57）年12月号は着陸に失敗しクラッシュしたスピットファイアが表紙で、特集も「ニューキットガイド」と今一つ掴み処がないが、巻頭で「第22回東京プラモ見本市」のリポートを行っている。従来のスケールキットも元気だが、やはり目を引くのはSF系のニューキットだ。「ガンプラ」の成功でタカラは『太陽の牙ダグラム』と『エリア88』、アオシマは『伝説巨神イデオン』と『テクノポリス21C』、アリイ、イマイは『超時空要塞マクロス』、バンダイは『機動戦士ガンダム』に加えて『戦闘メカ ザブングル』と、各社と

註1
ガレージキット
工業製品であるプラモデルと異なり、個人が原型となる立体作品を自作し、複製、量産した手作りの模型。複製にはシリコンゴム、キットの素材にはレジンやFRPが使用されることが多い。少量生産のため高価になりがちだが、市販の模型には無い高い造形クオリティーや、大手メーカーが手を出さないような、マイナーキャラクターも製品化可能というフットワークの軽さから、80年代以降にブームとなり、多くのガレージキットメーカーが誕生した。

註2
バキュームフォームキット
一般に真空成型によって生産されたキットのこと。スチロール樹脂の薄い板や塩化ビニール板のように、熱する事で軟化する樹脂を、木などで作った凸型原型に押し当て、裏面側を真空にして原型に密着させることによって成型する造形技法。それによって造られたキット。FRPやレジンなどの注型樹脂による成型が一般化する以前は、手作りによるガレージキットはこのバキュームフォームキットが一般的だった。

も多数のロボット系の新作キットを発表し、さながらSFバブルの様相を呈している。明らかに「ガンプラ」の成功で、プラモ市場の一角に、SFアニメ系のフィールドが形成されたのだ。

中でも特筆すべきは、バンダイが発売した『うる星やつら』のラムちゃんシリーズだ。1／12のラムちゃんのフィギュアで、これはかつて今井科学が'67（昭和42）年に発売した『魔法使いサリー』のフィギュア付き貯金箱プラモなどとは明らかに違う、男性ファンをメインターゲットにした美少女プラモという、今までプラモ市場に無かったアイテムであった。

12月号ではそれを基に二人のライター、川守田遊氏と大間ジロー氏が競作でレオタード、セーラー服、ビキニ、バニーガールなどに改造。製作記事も対談形式という冒険的な企画だった。

まだ美少女フィギュアがホビージャパンの表紙を飾るまでにはだいぶ時間を要するが、ラムちゃんフィギュアが巻頭カラーページを飾ったのは小さな改革と言える。「HOW TO BUILD GUNDAM」発刊以来、新しい読者が増えたせいか、冒険的な記事に対しても反発の声は聞こえなくなっていた。

愛読者からの厳しい意見

誌面内容をスケールモノから『スター・ウォーズ』などのSFや『ガンダム』へ路線変更するには大変、気を使わざるを得なかった。傍から見れば、どちらも同じプラモデルじゃないか、という些細なことのように見えるかもしれないが、当時は双方の攻守が逆転する時流であったのは確かで、すでに10年続いた専門誌が、要するに旧来の読者よりも新規の読者の好みに内容をシフトするのだから、いろいろとナーバスに成らざるを得ず、風当たりは相当強かった。

第一には前述した年配読者からの達筆な意見だ。特に10年間欠かさず購読しているとする愛読者からの意見はどれも辛口で、「ホビージャパンは子供の雑誌になろうとしているので、もう読む必要が無い」とか、「"ロボット"の作り方なら『模型とラジオ』誌（註1）に任せておけばいい」などというもの。また「一過性だと思っていたら、もう1年も続くこの流れは容認できない」などというものまで、いろいろな意見が寄せられて来た。確かに'81（昭和56）年は一年間表紙のどこかに必ず『ガンダム』が露出しており、そして掲載記事も毎号統一を欠き、バラエティ的企画を乱発している感はあった。

また7月に別冊「HOW TO BUILD GUNDAM」が出版されると、それは本誌の20倍近い部数を売り上げたため、初めてホビージャパンの存在を知った多くの新規読者たちが、本誌を買うようになったのだ。しかも同じ7月に発売された本誌8月号の表紙も「ザ

註1
『模型とラジオ』誌
'55（昭和30）年～'84（昭和59）年まで（株）科学教材社によって発行されていた子供向けの工作科学雑誌。鉄道模型から工作に必要な旋盤やフライス盤の使い方なども掲載されていたが、後期にはプラモデルの製作記事も取り扱い、「アニメモデル大特集」としてガンプラやボトムズ、オーガスなども掲載された。

ク」である。ホビージャパンは従来の「路線」を捨て、新規読者の方向を向いていたのは誰の目にも明らかだった。

しかしホビージャパンの旧来のライターや、あるいはポストホビーのスタッフたちも、世代的には「スケールモデル世代」である。SFやガンダムは、私が担当していたのは間違いないが、柿沼が主唱者だと見なされ「『スター・ウォーズ』や『ガンダム』は、今は人気かも知れないが、何時まで続けるの？」というような質問は、行く先々の模型専門店の店頭などでも耳にした。佐藤社長の「ガンダムやSFにシフトすれば売り上げが向上する」という読みと、そうすると読者が低年齢化する、という私の読みは、双方共に完全に的中した結果となったのだ。

SF・アニメキャラの台頭は止められない？

話を60〜80年代のプラモシーンに広げよう。スケールモデル中心の当時のプラモデル業界には、スケールモデルこそが正統であり、まんがやアニメやSFのそれらは正統ではない、という考えがあり、そしてそれには理由があった。

戦後、欧米のプラモメーカーは、自動車、航空機、船舶から、動物、昆虫、更には歴史上の偉人に至るまで、おおよそ形のあるモノすべてを対象にプラモデル化した。しかしなんと言っても人気だったのが戦闘機や戦車、戦艦だった。プラモ先進国の米英は共に戦勝国であるから、自分たちを勝利に導いた戦闘機、戦車、戦艦たちは、言わばヒーローである。例えばモノグラム社の1／48米艦載機トリオ（ドーントレス急降下爆撃機、アベンジャー雷撃機、ヘルダイバー急降下爆撃機）は、並々ならぬ情熱で作られており、50年代の日本のマニアをして「世界最高峰」と言わしめた傑作揃いで、それらは実機の可動部がすべて可動・連動した。しかし20年以上の遅れをとってスタートした日本のメーカーも、やがてアイデンティティを主張するが如く、零戦や戦艦大和をプラモデル化し始める。

当時、零戦を作らなかった国内メーカーは無かった、と言われる程、沢山のメーカーが沢山の零戦のプラモデルを生産した。中でもニチモ1／70の零戦は100円と安価で、町のどの模型屋でも見かけることが出来た最もスタンダードな零戦プラモデルだった。子供たちはこのプラモを、一度ではなく、何度も買っては作り、壊してはまた買った。どのメーカーも零戦さえ生産すれば売れた。そんな時代だった。

新しい文化、プラモデルは人気を集めたが、その中でも特に零戦や大和が人気を得たのには理由があった。

「週刊少年サンデー」と「週刊少年マガジン」は共に'59（昭和34）年に創刊されたが、その記念すべき創刊号の表紙は、サンデーが「巨人軍・長嶋選手に耳打ちする少年」のスチールで、マガジンは「大相撲第46代横綱の朝汐太郎に抱き上げられた少年」であった。つまり双方共に「ヒーローとぼく」という、実に"健全"なイメージを強く打ち出していたのだ。しかしそれが60年代になるとミリタリーに席巻される。

少年漫画誌を中心に「戦記ブーム」が巻き起こったのが60年代だ。60年代初期から中期の「週刊少年サンデー」「週刊少年マガジン」の表紙を見れば、当時のトレンドは一目瞭然だ。それらの表紙は、隼に零戦、P-40、P-51、ファントム、スカイレーダー、サーブ・ドラケン戦闘機にスツーカ急降下爆撃機に空母、などが飾っていた。中でも零戦と大和は目立っていた。

「週刊少年マガジン」'64（昭和39）年48号は「海自護衛艦の対空機銃」の特大アップ。記事は「これが馬賊の武器だ」と「特だね速報！ゼロ戦が生きかえった」として零戦のレストアを告げている。'63（昭和38）年夏休み特大号の表紙は「戦艦大和」で、特集は「大戦艦大和のひみつ総まくり・世界をおどろかせた46センチ砲のひみつ」。また'70（昭和45）年9月20日発売の39号は、表紙が「零戦」で、特集は翌週から公開の日米合作による超大作映画『トラ・トラ・トラ！』にちなんで「トラトラ誕生　ウラから見た真珠湾奇襲作戦」だ。

「少年サンデー」も、'62（昭和37）年27号の表紙は「戦艦大和」で図解百科として「戦艦大和のひみつ」、読み物は「第七騎兵隊の最後」。'63（昭和38）年29号の表紙は「イ号潜水艦」、連載読み物は「ゼロ戦隊長藤田中尉」。ふろくは小松崎茂による大和と武蔵の壁掛け大画報。'63（昭和38）年47号の表紙は「P-51と零戦の空中戦」で、読み物は「防空戦闘隊」などなどだ。

特に零戦と大和についてピックアップしてみたが、その裏表紙の広告の多くが、プラモデルメーカーで、やはり押しているのは零戦に大和に代表される戦闘機に戦艦だった。硬派を超えて、もはやミリタリー専門誌かと間違えてしまうような勢いだ。従って当時の少年たちは皆、戦艦大和の全長と零戦の航続距離は諳んじることが出来たのだ。

ちなみにこの原稿を書いている'19（令和元）年7月3日発売の「週刊少年サンデー」を買ってきたが、その表紙はハロプロアイドル4人の集合ショットである。船木結ちゃん、上國料萌衣ちゃん、横山玲奈ちゃんに森戸知沙希ちゃんで、珍しい名前もあるが皆本名である。とても60年代のそれと同じ雑誌だとは思えない変貌ぶりだ。

また当時は、沢山の「零戦漫画」があった。代表格は辻なおきの『0戦はやと』だ。「週刊少年キング」誌上で人気を博し、'64（昭和39）年に日本で5番目のテレビアニメとなって、大人気を得た。さらに映画でも'62（昭和37）年には石原裕次郎・主演の『零戦黒雲一家』が公開、'64（昭和39）年11月からは『ゼロ戦黒雲隊』という、なんと連続実写テレビドラマまでが始まったのだ。

もしも図られたメディアミックスなら恐ろしい気もするが、そうではなく要するに興味を引くもの、流行りそうなものを本能的に追いかけた結果なのである。そして少年誌の広告主はプラモメーカーだ。広告主、メディア媒体、消費者たる我々子供たちが、見事に連動していた。私自身も、それこそ入門キット的なニチモの1／500戦艦大和から1／70の零戦、タミヤ1／50を経て、受験寸前の時期に買った国産レベル1／32の零戦まで、数えきれない零戦を買ってそして作った。むしろ、そうしない方が無理があったのだ。

さらに同時期のハリウッド映画のトレンドは娯楽戦争映画であった。『戦場にかける橋』（'57年）『眼下の敵』（'57年）『史上最大の作戦』（'62年）『大脱走』（'63年）『バルジ大作戦』（'66年）『空軍大戦略』（'69年）『トラ・トラ・トラ！』（'70年）と、いずれもが当時の日本映画では考えられない規模のビッグバジェット超大作ばかりで、日米合作の『トラ・トラ・トラ！』に至っては、総製作費が時価換算で900億円とも言われるほどの超弩級の大作だった。

この流れが若者たちの間にミリタリーブームを巻き起こした。ファッションとしてのミリタリーブームは、60年代中期頃のイギリスで流行したライフスタイルが源流とも言われているが、モデルガンが流行し、軍服を集め、米軍払い下げのボマージャケットを着るに至っては、明らかに映画の影響だ。

日米合作による『トラ・トラ・トラ！』（'70年）は小学6年生で友人と見に行ったが、それに登場する航空機は全部買い集めた。国産舶来品、取り混ぜて零戦、九七艦攻、九九艦爆、カーチスP-40、B-17、PBY-5Aカタリナにキングフィッシャー。さらに劇中で零戦を演じていたT-6テキサン練習機に至るまで、合計で5000円に迫る。映画のチケット代が500円に満たない時代、その何倍もの出費で、さらに塗料を始めとする工材工具に資料となる書籍などを含めれば大した経済派生効果だ。これは私だけの特例だったわけではなく、ネットを検索すれば当時同じような行動をとった模型少年たちを、全国規模で散見できる。

象徴的に戦闘機や戦艦を例に挙げたが、ミリタリーは当時の流行であり時流であり、そしてもっともその恩恵を受けたのは間違いなくプラモデルである。だが、業界で仕事をしてみて、メーカーやその周辺が、この事に対して驚くほど無意識で無頓着なことに驚いた。当時スケールモデルが人気を博したのには、こうした強烈なバックボーンがあったからなのだ。

しかしこのミリタリーブームも終わる時が来た。60年代後期から突如として『紫電改のタカ』のちばてつやは『あしたのジョー』（'67年）を、『0戦はやと』の辻なおきは『タイガーマスク』（'68年）を描き始め、表紙はキックボクシングの沢村忠の雄姿が飾った。いわゆる「スポ根ブーム」の到来だ。流石に「スポ根」はプラモデル化できない。それでも東京マルイは果敢に『巨人の星』のプラモデルを発売したが、それがジャンル化することは無かった。軍用機やAFVや戦艦のスケールモデルは、要するに強力な後ろ盾を失ってしまったのだ。

70年代になると、ハリウッド映画のトレンドも、戦争モノは姿を消しディザスタームービー（パニック映画）の超大作群がやって来た。『ポセイドン・アドベンチャー』（'72年）『タワーリングインフェルノ』（'74年）『大地震』（'74年）『エアポート'75』（'75年）』『エアポート'77』（'77年）などなど、ビルが燃え、飛行機が墜落し、船が沈み、街が瓦解する。そして遂にはダメ押しで巨大隕石群が地球を襲う『メテオ』（'79年）となると、もはや食傷気味。映画の中で巻き起こる惨事の規模を誇るに至っては「もうやメテオ」と揶揄されるまでになっていた。こうした風潮を意識的に払拭しようと、娯楽の基本に立ち返るべく『スター・ウォーズ』（'77年）は企画される。そして『未知との遭遇』（'77年）も大ヒットとなり、ハリウッド映画のトレンドは80年代を直前にしてSF一色となる。

『未知との遭遇』（'77年）、『スター・ウォーズ』（'77年）、『スーパーマン』（'78年）、『宇宙空母ギャラクティカ』（'79年）、『スタートレック』（'79年）、『エイリアン』（'79年）、『ブラックホール』（'79年）、『スター・ウォーズ／帝国の逆襲』（'80

年）、『フラッシュ・ゴードン』（'80年）、『スタートレックⅡカーンの逆襲』（'82年）、などなどで、日本も『惑星大戦争』（'77年）、『宇宙からのメッセージ』（'78年）などを急造し、さらにSF映画の金字塔と言われた『2001年宇宙の旅』（'68年）までもがリバイバル・ロードショーされるに至った。

『スター・ウォーズ』は米国mpc社と、国内ではタカラ（現タカラトミー）が展開。『スタートレック』は米国AMT社、『エイリアン』『ブラックホール』はmpc社、『バックロジャース』（TVシリーズ）と『宇宙空母ギャラクティカ』は米モノグラム／マテル社。英国テレビシリーズ『スペース1999』（'75〜'77）も英国エアフィックス社が展開。国産SF映画は『宇宙からのメッセージ・銀河大戦』『スターウルフ』はバンダイで、'71年に発売した『謎の円盤UFO』のキットまで再販した。

一気呵成に何十種というSFプラモデルが、海外メーカーを中心として発売され、そしてこれらは皆、ポストホビーの取り扱う商品だった。それぞれ出来不出来の差は激しかったが、ポストホビーが扱う商材であるなら、ホビージャパンで展開する名分が立つ。それでも一過性の特集なら問題はないが路線変更となると前述のような「抵抗」が生じたのだ。なぜなら、元来日本ではSFやキャラクタープラモは「組み立てる玩具」と認識されていたからだ。

キャラクター系プラモデルは組み立てる玩具

スケールモデルはまず、実車や実機を理解するところから始まる。つまりは縮小・再現すべき「対象」が存在しないことには始まらないのだ。

本格的に零戦を作る動機は、あるいはスピットファイアを作る動機となるのは、それらに対する理解と知識だ。どこからの依頼で誰が起案し何年に試作機が完成したのか。戦局の推移によりどのように改良型が作られ、どこの戦線で何年ごろ、どのように運用されたのか？そしてどのような武勇伝を持っているのか、等など、知っていれば知っているほどその機体に感情移入できるし、正確に作ることが出来る。つまりそれらには対象が実際に存在するし、歴史的背景も実在する。

しかしアニメやSFに登場するキャラクターやメカには、実物がない。それらのリアリティはひとえにフィルムの中にあるイメージを、受け手がどう解釈するかというところに掛かっている。結論から言うと、その存在しない対象を「実在」と捉えてしまう、ある種の倒錯をする人間たちがいる。私も含めたそうした者たちにとっては、ブラウン管やスクリーンの中のそれは実在する実像と何ら変わりがないのだ。この感覚は世代によってはっきりとした差があり、総じて我々より上の世代には希薄であり、以下の世代には顕著である。より多くのアニメや、SF、映像フィクションに親しんできた環境が主因だろう。

静岡のプラモメーカー今井科学が、スケールモデル全盛期の'60（昭和35）年に『鉄人28号』をプラモデル化したのが、日本初のキャラクタープラモだと言われている。『鉄人28号』は'63年に江崎グリコ・グリコ乳業提供でテレビアニメとなって大ブレークした。

今井科学のプラモデル「鉄人28号」はモーターを組み込み、足の下から金属製のピンを突き出して、辛うじて前進するというものであったが、これが爆発的に支持された。当時の今井科学の社長は「戦車や戦艦なら他社がいくらでも作っている」として、このまんがのヒーローを製品化したのだが、正直それはかつてのティントーイの代替版であり、組み立てる玩具だった。幼稚園児であった私も、10歳年上の鉄道模型モデラーであった兄に組み立ててもらった記憶がある。しかし当時他に類似商品が無かったため、累計で５００万個売れたといわれる昭和プラモの伝説のアイテムとなった。今井科学はこの路線に活路を見出し、『鉄腕アトム』『８マン』『ビッグX』『スーパージェッター』『魔法使いサリー』『伊賀の影丸』と、人気のまんがキャラクターを次々と生産。矢継ぎ早に市場に投入した。名だたる人気マンガは、ほぼすべて今井科学によってプラモ化されたのだ。しかし当時はまだまんが自体の社会的地位も低く、今井科学は「まんがが模型のイマイ」と揶揄される結果となる。

また'66（昭和41）年にはマルサンが『ウルトラQ』『ウルトラマン』の「怪獣プラモ」を作り大ブームとなり、今井科学の「サンダーバード・プラモ」も発売初年度のみで400万個売れ、'67（昭和42）年の同社の売り上げはなんと12億円に達した。どのアイテムをとっても、ダブル、トリプルを超えるミリオンセラーばかりである。

現在それらの未開封美品は、中古市場において、アイテムによっては7ケタの取引値が付くこともある。しかし、怪獣プラモは、歩くこと前提のプロポーションをしており、サンダーバードもイメージは捉えていたが、航空機だというのに、どれもこれもモーターかゼンマイ搭載で、大きなタイヤで走行したのだ。大人の視点からは、前述のとおり「組み立てる玩具」と見られても当然だった。マルサンは正規のライセンスを受けて、映画『2001年宇宙の旅』のオリオン・シャトルをプラモ化したが、なんとあの洗練されたスマートなシャトルロケットまでタイヤで走行したのだ。

この60年代のキャラクタープラモのトップランナー2社、今井科学およびマルサンは、絶頂期の直後に倒産するのだが、しかし「キャラクター系プラモは、動き走ることが必須」とされたこの傾向が70年代になっても継承されてしまっていた。

そしてバンダイはこの直後にプラモ業界に本格的に参入する。今井科学の工場と資産の一部及び、スタッフの一部を受け継ぎ、金型は貸与契約とし、使用料をイマイ側に支払い、イマイの再生も支援するなど、多方面に配慮した取り組みだった。

プラモデルの総合商社を目指したバンダイは、その後紆余曲折の末、得難いヒットコンテンツ『宇宙戦艦ヤマト』（'71年）のライセンスを取得。多数のプラモを生産するが、ここで初めて壁にぶつかった。『宇宙戦艦ヤマト』は間違いなくヒットコンテンツである。この作品の登場が「テレビまんが」を「アニメーション」と呼ぶ契機となった記念すべき作品であり、劇場公開時には255万人を動員した。しかし最初のプラモ第一群は予測ほど売れ行きを示さず、代わりに大量のハガキ、意見書がバンダイに届く結果となった。

そのハガキの内容は、「プラモデルにタイヤや走行ギミックを付けないで欲しい」というものだった。当時のヤマト・プラモの設計スタッフは今井科学で『サンダーバード』や『キャプテンスカーレット』『マイティジャック』などを設計したベテラン揃いだったが、その当時のニュアンスで、アニメのアイテムにはすべて動力と走行タイヤを付けてしまったのだ。しかし大量に寄せられる意見書によって、初めて「同じ特撮、アニメといえども作品ごとに、それぞれに異なった世界観があり、それらを支持する年齢層も作品ごとに異なること。商品にはそれら年齢層に合わせたセンスと拘りとを反映させることが重要なのだ」ということに気づいたのだ。

ようやくSF・アニメのプラモが、「組み立てる玩具」を卒業した瞬間だった。しかしまだかつての呪縛からは簡単に解き放たれたわけではなく、70年代後期〜80年代初頭のSFブーム時でさえも、国産のキャラクター系プラモデルには走行タイヤが付けられているものが少なからずあったのだ。

従って、プラモデルを対象とした他の専門誌も、そして『ホビージャパン』も、これらのキャラクター系プラモデルは取り上げたことがなかったのだ。前記した「何を載せないかが重要」とする代表的な事例と言える。

反して欧米のSF系・コミック系プラモは当初より清々しい程ディスプレイに徹しており、日本に先んじて怪獣プラモを作った米オーロラ社の「ゴジラ」「ロダン（ラドン）」「ギドラ」などは、皆ディオラマ仕立てのディスプレイキットであったし、60年代発売のテレビ版『スタートレック』の宇宙船たちも、初販版では点灯ギミックがあったものの、動力などは無く、劇中の撮影用モデルを参考に作られていた。

『ホビージャパン』は、これら海外メーカーのディスプレイキットの中でも、当時としては劇中のそれに忠実に作られていた『スター・ウォーズ』のキットから路線の変更に乗じたのは良策だったと言えるかもしれない。

ただ、SFプラモファンが納得するようなプラモデルの登場は、80年代初頭では望めず、マニアがマニアのために作ったガレージキットの登場を後追いする形で、ようやく実現することになる。

専門誌を自認する『ホビージャパン』が、「一度限りのバラエティ」という括りを設けなくては、アニメ・SF系プラモデルを採り上げられなかったのは、それらが「組み立てる玩具」的精度をなかなか超えられず、またそうしたイメージを持たれていたからなのだ。バンダイも、動力と車輪とを排除した改修版ヤマト・プラモから、作品のイメージを重視する開発姿勢となり、それに続く「ガンプラ」でようやく動力の無い「作品内のイメージを重視した」シリーズを、本格化させて行くこととなるのだ。

零戦や大和は〝史実〟だが、『スター・ウォーズ』や『ガンダム』というコンテンツも、それらに熱中する者たちにとっては、〝史実〟と同様のリアリティを持っている。という視点を持って、初めて『ホビージャパン』誌上で展開が可能となったのだ。振り返ればタイミングとしてはギリギリの世代交代だったかもしれない。ホビージャパンは『スター・ウォーズ』のキット群が輸入されて来るのと全く同時にそれらを紹介していたし、またガンダムに関しては「ガンプラ」発売直前から取り上げた。'82（昭和57）年段階で、発行部数はそれ以前の3倍に躍進したが、それは従来の読者に対し、2倍の新規読者が加わったからなのである。…

●第8章ホビージャパンの進路に影響を与えた3つのコンテンツ

『宇宙戦艦ヤマト』（'74年）、『スター・ウォーズ』（'77年）、『機動戦士ガンダム』（'79年）は、ホビージャパンの進路を決定的に変えたコンテンツと言える。これらには共通点がある。

これら3作品に、通底する特徴は、戦争アクションであり、使用される装備類はミリタリー的要素をはらんでおり、そして…その戦闘アクションの様式を未来ではなく、「過去」に求める、という傾向だ。

『宇宙戦艦ヤマト』は、かつて日本を守る使命を果たせず、深い海底に沈んだ大戦艦が宇宙戦艦に改造され、今度は地球を救う使命を与えられ、それを懸命に果たすという物語だ。この物語に、ロマンに、若者たちが飛びついた。従ってその船体には喫水線があり、かつてと同様に巨大な三連の副砲と主砲とを持ち、多数の対空機銃が搭載され、偵察機離艦用のカタパルトまで備わっている。ここに「古き良き」ものはすべて再生されているのだ。

また旧海軍の艦艇の命名には慣例があり、戦艦は大和、武蔵、長門、など日本の旧国名。（一等）駆逐艦は雪風、初風、浜風、秋月、涼月、など天候や季節にちなんでいる。従って宇宙戦艦なので「ヤマト」、ミサイル駆逐艦は「ゆきかぜ」という訳だ。また、コスモゼロはヤマトに搭載された宇宙戦闘機だが、それはつまり「宇宙零戦」のことで、かつてのゼロ戦こと零式艦上戦闘機は、海軍に採用された際の式番だった。当時は皇紀の末尾二桁を取って海軍機の式番としていた。皇紀二五九七（西暦一九三七）年採用なので末尾二桁を採って九七艦攻（九七式艦上攻撃機）、皇紀二六〇〇（西暦一九四〇）年採用だが、末尾二桁が00だから零式となった。「コスモゼロ」は作品の舞台である西暦二二〇〇年に制式採用されるはずの機体だったので、末尾を採ってゼロ式という訳だ。皇紀から西暦へと転換はなされているが、このように「古き良き」様式を踏襲する理由は、重要なテーマを暗示しており、そしてそれが作品自体の強烈で無二の個性となっている。

この傾向は『スター・ウォーズ』にも見ることが出来る。『宇宙戦艦ヤマト』同様に、光速を超える宇宙戦闘機たちが、いざ空中戦となると、突如第二次世界大戦、いや更に遡って第一次世界大戦のドッグファイトを展開する。この作品には、帝国軍と反乱同盟軍、二種類の戦闘機が登場する。X-ウィング・ファイターとTIE ファイターだ。それらは真正面から見ると翼が二枚あることに気づく。つまり複葉機なのだ。特にX-ウィングは前後を逆に見ると機体全体が多角形で、ある特定の複葉機そのものだ。第一次世界大戦の戦闘の様式は、空には複葉機、そして地上では塹壕戦が展開された。『スター・ウォーズ』では、この塹壕も「巨大な要塞の谷間」として再生されている。「トレンチ」とはつまり和訳すると「塹壕」のことなのだ。最終決戦がトレンチ（塹壕）で行われるのはこのためだ。ここでも第一次世界大戦の様式を「古き良きもの」として執着する。歩行戦車AT-ATの車体は第一次世界大戦時にドイツが初めて使用した戦車A7V戦車そのものだ。

さらにスター・ウォーズにおいては、戦闘機たちのモデリング（造形）には大量の市販のプラモデルが使われており、それによって宇宙船や戦闘機たちは自然と既存の、どこかで見たリアルな形、リアルなディテールの集合体として完成している。その「創造」のために第一作目で購入されたプラモデルの総額は28万円程だそうだが、それらをつぶさに分析すると、反乱同盟側のX-ウィング・ファイターの巨大な4基のエンジンは、英国エアフィックス社製のアポロ・サターンロケットを使用し、同じく4基の噴射口は米国レベル社のファントム戦闘機のエンジンがそのまま使われている。これらだけで機体の体積の2／3程度を占めているのだから、もはやこの機体は米英「連合軍」の合作といっていい。従ってその敵は「帝国軍」なのだ。

これは決して些末的なことではなく、むしろ作品の本質に迫るディテールである。こんなことを語らせたら、もはやプラモ専門誌の独壇場ではないか。

『ガンダム』に至っては、至近の有視界でしか敵を索敵、察知できない設定が生み出され、モビルスーツなる未来の兵器が、盾と得物とを手に殴り合い斬りあいの白兵戦を展開するのだ。さらに劇中ではそれまでロボットものでは描かれたことのない物資の輸送・補給などの兵站までが描写され、それもモデラーたちの琴線に触れたのだ。

未来のロボトロニクスの産物であるはずの人型兵器が、「古き良き」時代の戦闘様式に執拗に拘る。もちろんこの「古き良き」とは現在から見た勝手なロマンで、斧を手に戦っていた時代、目測で機銃を掃射していた時代、革のジャケットだけで高空の寒さに震えながら飛んでいた、かの時代が「良き時代」であるはずがない。しかし、安全が担保されたうえでの視聴であれば、過去のそれらには様式美があり、適度に野蛮で活力的で断然に面白いし、そこにあるディテールは豊かに見える。

そしてそんな装備やガジェット類の姿、形、色、式番、名称への執着、こだわりは、ある特定のユーザーには強烈に「刺さる」のだ。もちろんある特定のユーザーとは「専門誌を読んでまでプラモデルを作ろう」とする層のことであり、ホビージャパン読者であり、私であり、あなたたちだ。このような意味でこれらのコンテンツはホビージャパンが取り扱うべき絶好にして無二のコンテンツだったと言える。

つまりはそれまでのホビージャパンの常連であった零戦と戦艦大和が宇宙兵器となり、戦車はモビルスーツに代替されたということだ。『スター・ウォーズ』の各メカも、かつて過去の戦場で活躍したそれらの生まれ変わりである。ストーリーやロマンや俳優、声優の件は他の多くの雑誌に任せておけばいい。これらのコンテンツは模型専門誌としてのホビージャパンにとって、まさに得難い新ジャンルであり〝新たなる希望〟であったのだ。

ホビージャパン初の別冊

「ガンダムの別冊」は、暫定的だが夏休み向けに'81（昭和56）年7月25日に刊行するのが適切と決まった。当初は、大塚康生氏のジープの資料写真集「Ｊｅｅｐ Ｊｅｅｐ Ｊｅｅｐ！」が、ホビージャパン初の別冊となるはずだった。しかしそれが諸般の事情で遅れ、「ガンダムの別冊」が、なんとホビージャパン初の別冊となることになってしまった。

突然、責任が重大となってしまったが、市村、岡崎の新規採用者二名が追加されたことで、最悪のスタッフ不足からは脱した感があった。だが私自身は本誌にも担当ページがあり、それを抱えつつ、実質的には一人で別冊を作らなくてはならないのだ。発売予定の7月25日は本誌8月号と同時である。

企画書を書いて暫定的に１３８ページとして、台割を作り、ページ配分を書いては消してを繰り返すうちに佐藤社長と共に、当時のガンダムの版権元である「日本サンライズ（現・サンライズ）」に行く日がやって来た。現在はバンダイナムコ傘下のグループ企業だが、当時はアニメを制作する独立プロダクションで、虫プロからの分派スタジオとしてスタートした経緯もあり、自社による大ヒットとしては『機動戦士ガンダム』が最初であった。

当時は西武新宿線の上井草の駅近くに立地しており、雀荘などが入っていた小さな雑居ビルの三階がオフィスだった。あらかたの内容は電話連絡済みであったので、あとは詳しい内容と発売日、想定刷り部数、暫定価格などを告げた。部屋の壁に『トライダーＧ７』のポスターが貼ってあったことを覚えている。

こんな時の佐藤社長は商売人そのもので、初対面の笑顔はとにかく人懐っこく、実に饒舌で「素晴らしい作品なのでぜひ弊社で本にしてみたい」という趣旨を早口で告げた。

しかし担当者は「類似書の申請は来ていないので、基本はオッケーなのですが…」と告げた後、「模型の本ですか？」と、怪訝な表情だ。何度かの質疑応答の後にも、「プラモデルだけで、ガンダムの本をおつくりになる…そういう本が成立するんですか？」という根本的な質問を受けて戸惑った。

しかし先方のきっとこれが世間の反応なのだろう。ガンプラは発売されて好調に売れ始めている。しかしその作り方だけで本が成立するとは、イメージできなくて当然だろう。

「アニメのフィルムや設定画ならいくらでもお貸ししますから。半分を資料本、半分をプラモデルの作り方にしてはどうですか」とご親切な提案も戴いた。

もしそうすればどれだけ制作カロリーが軽減されたことだろうか。しかし当時ガンダムの設定本は、サンライズ自ら制作、販売し、マニアの間では好評を得ていた。また設定資料なら他のアニメの本に掲載されている。今さら模型専門誌の別冊に掲載するのも、という理由と、これは説明しても恐らく理解して頂けないであろう理由から、その後提案は丁寧にお断りした。

要するに、アニメの設定画とはアニメのキャラやメカを作画する際のお手本だ。複数の原画マンが作画するため、キャラクターのデザインやその作品特有のデッサンを統一するためにも必要なのだ。「このキャラクターはこのように描いてください」という見本である。大抵はキャラクターデザインを担当する当事者が描くが、それは作画監督の場合もある。メカ設定もメカデザイン担当者が描くが、同様に作画監督が担当する場合もある。

話を戻すと、ガンダムの設定画における立ちポーズは、上に行くにしたがってパース的にすぼまっている。が、肩幅だけはその干渉を逃れている。足の付け根部分は、両足とも平行なのだが、大地に接している部分では明らかにハの字型に開いていて、さらに靴に相当する部分だけスケールが一回り大きい。胸も微かだが張っている。二の腕は後ろに引き気味なのに手首は手前に迫ってきている。

つまり優秀なアニメーターやデザイナーたちは、ほぼ無意識で一つの立ちポーズの中に、だまし絵のように、部分部分に適したデフォルメ、パースの欺瞞などの錯覚を多用して一枚の立ちポーズを、より魅力的に見えるように効果的に描いているのだ。ガンダムを始めすべてのモビルスーツに同様の表現が見て取れる。そのため、それをモデラーたちが作った、原則、左右対称で足も腕も基本真っすぐな完成体と並列掲載しては、両者の乖離が明確になってしまうので、それだけは避けたかったのだ。つまり設定画のモビルスーツたちは、ワイヤーフレームを被せて真正面から見ると、左右非対称でそれぞれの四肢の長さも異なれば、頭の大きさもパースによって、作為的に変えて描かれているのだ。これが、「立っているだけで格好良く見える」設定画の秘密である。直立しているのにもかかわらず、闘志を秘め、雄々しく勇ましく〝凛として立つ〟様が表現されているという訳だ。

この乖離は、後に設定画を描く者と、プラモデルを設計する者とが歩み寄って、現在ではほぼ解消されているが、当時はまだその域には遠く、プラモデルの完成品やディオラマ表現などは、それだけの世界として切り離しておきたかったのだ。

ただし大河原邦男氏の描いた「グフ」のカラースケッチだけは、「注意書きの参考」として唯一掲載させて頂いた。

そのような詳細は伝えてもなかなか理解して頂けないであろうから、とにかく「模型の専門誌」なので模型だけで一冊作らせて欲しいと説明した。この時点では恐らく「随分と特殊な企画だなあ」と思われたはずだ。そして誰もが爆発的に売れる本になるとは思っていなかった。私自身もホビージャパン本誌と同等か、それをやや超える部数、つまり数万冊に届けば大成功だと思っていたのが事実である。

編集に当たっては、全くゼロからの制作ではなく、すでに本誌で扱った記事や作例も再掲載するので、その部分ではまだ気は楽だった。なによりストリームベースを始めとする、ライターの面々は、ルーティンワークではなく、いつも本気で作品を作ってくれるので、そこは心配が無かった。

今でもそうだが、「カンプライター」をやっていたので、本を作る時などはまず表紙を描いてみる。出来上がった時のイメージでだ。当時はまだカンプ作業用のロットリングペン、ステドラーの水彩色鉛筆、カラーマーカー一式を持っていたので、それで表紙を原寸で描いてみるのだ。これはイメージトレーニングのようなもので、これが出来上がると、なぜか一安心する。そしてそれを想定されるツカ（本の厚み）の本を探して、そのスケッチを原寸で巻いてみる。こうすることでこれから作る本の完成体はこんなカンジかぁと実感できるのだ。

その表紙のカンプは、ほぼ発売された「HOW TO BUILD GUNDAM」1巻と同じレイアウトだったが、ただし背景の銀部分がすべてマットブラックだった。これは入稿する最後の最後の最後まで悩んで、決定の瞬間に、特色のシルバーに変更した。今でもこの表紙を見ると「やはりマットブラックにしておくべきだったかなあ」などと考えてしまう。

「HOW TO BUILD GUNDAM」だけに限らないのだが、当時のホビージャパンが「ガンダム」を展開する上でどのようなことを読者に提供するかということが大事だった。

プラモデル登場時には、ただ組み立てるだけでよかったはずが、専門誌の登場や、モデラーたちの拘りによって次第にこう作るべき、とか、こう組み立てた方が正解、という規範が生じていた。すでにホビージャパンにも10年の歴史があり、そこには10年かけて積み上げて来た工作テクニックがあった。

簡単に言ってしまえば、戦車や戦闘機といったスケールモデルが積み上げてきた工作技術を「ガンダム」に置き換える。ただそれだけなのだ。

最初はプラモデルも丁寧に美しく作ることでよかったはずだ。それは「デスクトップモデル」といわれる、机の上の家具調度品の一部のような「置き物」だった。しかしプラモデルを作ろうなどという人種は、私も含め、控えめにいって「偏執狂」である。そうでなくては1／32の戦闘機のリベット（註1）が出っ張っているとか沈頭鋲（註2）だとか、1／35の戦車の履帯は弛んでいないとおかしいとか、1／700の空母の甲板に並んだ航空機の機種が判別付くようにしたいとかは、まず思わない。縮小癖とでも言おうか、最後には何とかしてホンモノに見えるように取り組まないと気が済まなくなる。そこでそうするにはどうしたらいいかと考え始めるのだ。

ホビージャパン誌上の工作指南は、ほぼ「より本物らしく作るには、どうしたらいいか」ということに行き着く。

その先駆者としては、ホビージャパンが和訳本を出版した「How to build DIORAMAS」の著者であり、ディオラマの神様、シェパード・ペインの作例に明らかだ。同氏のもっとも有名と言っていい作品が、米国モノグラム社の1／48、B-17のパッケージに使用された「ハードランディングしたB-17」で、私もその箱欲しさに買って、一年に一度くらいは引っ張り出して拝んでいたほどの、まさにプラモ作りの真骨頂であり理想であった。

そのB-17爆撃機は、大戦中に英国基地からドイツ領内に空爆に向かい、敵戦闘機にハ

註1
リベット
一般に航空機などの製作、組み立て工程に用いられる、ネジ頭部とネジ山の無い鋲。フレームに外板を固定する際などに使われる。加工後も頭部が出っ張っているため、1／32などの大きな航空機プラモデルでは再現が求められるディテールの一つ。

註2
沈頭鋲
鋲の頭部が、接合した材料面と平面になる特殊な鋲。空気抵抗を軽減するため、従来は出っ張っていた鋲の頭部を平面化させたもの。ただ全く痕跡が無くなるわけではないので、スケールの大きな航空機キットでは再現が求められる。

チの巣にされて、4つあるエンジンの内3つが火を噴き、それでもドーバー海峡を渡って帰還した。そのディオラマは、まさに巨人機が息も絶え絶えで航空基地に帰還し、部品をまき散らして胴体着陸し、滑走路をオーバーランして芝生の土をめくりあげて止まった、その数分後を切り取った迫真の戦場写真のような一作で、この一作に模型作りの楽しさ、ディオラマづくりのテクニック表現のすべてが集約されていると言っても過言ではない。実際のB-17は薄いジュラルミンで出来ているので、分厚いプラモの機体を裏からリューター（註3）で削り、紙のように薄くして着弾跡を再現するなど、つまり「スケールエフェクト」を一つ一つ丁寧に表現して行くのだ。

もしも机の上にホンモノのB-17が1／48に縮小されて置いてあったのなら、それを不用意に手で掴むと、グシャリと潰れてしまうだろう。投げたなら軽すぎて飛んで行ってしまうはずだ。プラモデルがスケールダウンしているのは、実はカタチだけで、材質はもちろんのこと、構造強度や重さを縮小しているわけではないのだ。拘るのなら、それまでも欺瞞する意識が必要で、スケールモデルの目指すホンモノっぽさとは、この「スケールエフェクト」の追求に他ならない。それをそのまま「ガンプラ」でやろうという試みだ。

モビルスーツは金属（?）で出来ているのだから、ダメージを受ければ破砕するし塗料も剥がれるだろう。鋭利に尖ったエッジはすり減って下地の金属が露出するし、使い込めばクリーニングもままならない最前線においては全体が汚れっぱなしかも知れない。敵から発見されにくくするには、視認度を落とすため、派手な色ではなく、彩度を落とした色で塗り直した方が有利だろうし、砂漠に展開する際は、地表と同じアースカラーで塗装してみればより「リアル」だろう。などということをつらつらと解説して行くことによって、『ガンダム』でもスケールモデル同様の楽しさが生まれるだろう、というのが「HOW TO BUILD GUNDAM」1と2における提案のすべてだ。

註3
リューター
モーターツールとも。モーターによって高速回転する軸の先端にさまざまな形状のビットを取り付けることにより、部品を削ったり磨いたりする工具。

戦闘機は本来なら機体に大きく国籍章が描かれている。対して部隊章などは視認度の低い色で書きこまれる。さらにメンテナンス時に混乱が起きないように、各要所に「注意書き」や、注意を喚起するストライプ、あるいは緊急脱出装置の作動方法が描かれていて、機体にもよるが、機体中に小さな文字が書かれている。SFのガジェットとしてこれらを始めたのはやはり'66（昭和41）年の『サンダーバード』またはその直前の作品かもしれない。機体が汚れていてもそのまま、とか一部が錆びているなどは『スター・ウォーズ』がそれ以前の作品にもまして仰々しく再現して見せたことも、当時のプラモシーンには不可欠な要素となった。このような従来のプラモや特撮の表現を「ガンプラ」に投影するというのが主なコンセプトで、そういう意味では実は技法的にはあまり新しくないのだが、同時に「人の形をした巨大なマシーン」に当てはめるのは新鮮だった。

また当時のアニメは、透明のセルと呼ばれるシートに直接着彩する方式で描かれていたため、メカが汚れていたり、ダメージを負った表現は、最も不得意とする領域であったので、ガンプラはその領域を補完するには絶好の素材だったと言える。

汚れや退色表現をスケールダウンして行うスケールエフェクトと、描き文字のような実機からのフィードバックは、ある意味「ガンプラ」を自身の手でカスタマイズする感覚だ。またプラモデルの表現として、内部のメカを見せるカットモデルなども、モビルスーツで再現するのは新鮮だったはずだ。

しかし、当時プラモ未体験の子供たちにとっては、ガンプラを「汚すのがリアルらしい」「書き文字を追加するのがリアルらしい」「メンテナンスハッチが開いているのがリアルらしい」と受け止められたのも事実だった。そもそも論で言うと、プラモの工作初心者に対しては、そもそもプラモにおいては「リアルとはなんだ」というところから入るべきで、そうした意味では初心者にとって「HOW TO BUILD GUNDAM」は不親切なところがあった。

当初「ガンダムの作り方」として進行していたが、ある時、私の机の上に小さなメモが置かれており、それには「本日14時までに書名を決定してください。取次店に伝えます」とあった。いろいろ悩んでいたのだが、小中学生向きには、気負わず「ガンダムの作り方」がベストに決まっていた。

何より本の中身をそのまま説明しているのだからこれより具体的な書名はないだろう。しかし模型専門誌としての威厳を持たせたくもあり、前出のディオラマの神様、シェパード・ペインの威光もお借りして「HOW TO BUILD GUNDAM」とした。内容に関して今振り返ると、もう少しうまく纏められなかったものかと後悔ばかりだが、書名に関しては「ガンダム工作ガイド」などにしなくてよかったと思う。

前出のシェパード・ペインの著書「How to build DIORAMAS」日本語版も「HOW TO BUILD GUNDAM」発売直後の'81（昭和56）年10月にホビージャパンから出版された。

当時はパソコンもなく、しかし写植では適した書体がないことと、英文の字送りは予測通りの緊張感のある並びにするのが難しいこともあって、表紙の英文タイトルは、1、2巻とも私が版下に直接「インスタントレタリング」で貼り込んだ。従ってよく観察するとほんの僅かだが傾いているアルファベットがある。

「HOW TO BUILD GUNDAM 2」

「HOW TO BUILD GUNDAM 2」の発売直前の'82（昭和57）年5月、ホビージャパン編集部にスタッフが増員された。岡崎宣彦は京都市立芸術大学を'80（昭和55）年に卒業、その後の進路を決めかねていたが'81（昭和56）年のホビージャパン誌にスタッフ募集の告知を認め応募した。必要書類選考の後、作品の提出を求められ、映画『エクスカリバー』（'81年）のクライマックスシーンをモチーフにした1／20スケールの自作フィギュアの完成写真を送付したところ、上京せよとの連絡を受け取る。彼もホビージャパン読者であり、モデラーでもあったが、編集業務の経験はなかった。

入社後、しばらくは雑務が多く、特に営業担当の松本のアシストや本誌の出荷などを任されていたが、モデラーでありイラストも描くことから本誌の編集に参加。その際、「大里元」のペンネームで多くの作品を制作しており、同ペンネームで現在も活動している。

2巻は1巻よりは気持ちの余裕があったかもしれない。ディオラマ仕立ての作例が多くなり、さらにクラッシュモデルやカットモデルなど、初心者に勧めるにはなかなかハードルの高い工作ガイドだ。中でも表紙になったメンテナンスハッチ・フルオープンのガンダムは、プラモデルをカスタマイズして「僕だけのガンダム」にできる可能性をより強く示していて、表紙としては絶妙だったと思う。

前述のように、今度は迷いなく表紙の背景を黒にすることが出来た。しかし手作り感は変わらずで、表紙、裏表紙を含め、ほとんどの写真を私が撮影している。ディオラマの何ヵ所かに太陽を焼きこんでいるが、これは照明用ライトを後から多重露光で焼き込んだもので、数カット撮ってやっと成功したものだ。

表紙のガンダムは、'82（昭和57）年にみのり書房から発売されたムック本『月刊OUT 9月号増刊 宇宙翔ける戦士達 GUNDAM CENTURY』にある河森正治氏（註1）によるイラストを参考にしている。このイラストは『ホビージャパン』本誌、'81（昭和56）年10月号に広告という形でも掲載されていた。巻末にこの本でモデリングを担当した12人のモデラーの名前が掲載されているが、どなたもカロリーを惜しまず協力して頂いて感謝の念に

註1
河森正治
'60（昭和35）年富山県出身のメカニックデザイナー、アニメーション監督・演出家。サテライト専務取締役。メカニックデザインとしては可変戦闘機バルキリーが有名。また彼らが作った同人誌が後に『ガンダムセンチュリー』へと発展する。

尽きない。

もともとレイアウトマン不在を埋めるために手伝い始めたはずなのに、この頃になるとレイアウトをしている時間が無くなり、表紙とカラーページ以外は外注のレイアウトマンに依頼している、という本末転倒ぶりとなっていた。

'82（昭和57）年5月に発売された2巻目のスケジュールは1巻の時に増して遅れに遅れ、最終的にカラーページの刷りだしが出たのだが、午前中に出たそれらを夕方6時に印刷所に戻さなくてはならなかった。これを逸すると予定どおりに本は出ない。しかしその日は兄の結婚式だった。救いは結婚式場が代々木からは非常に近い信濃町であったため、披露宴のイタリアン料理のコースを端にどけて修正点を書き込んでいると、親戚一同から、いい加減にしろと突っ込まれる始末。しかし式場のロビーでは腕時計とにらめっこした三共グラビヤの営業が待っているのだ。

これら2冊の販売部数は累計では数十万部を超えていたと思う。この数字は創刊当初の部数の100倍に匹敵する。当然佐藤社長の私への評価は上がりっぱなしだった。本誌部数も増え、別冊もヒットしたことで、手狭だった編集部は、まず隣部屋も借りて2倍になり、そして遂に10年来の古巣から代々木駅の反対側に位置する新築の新天地へ移転する事となった。1階にポストホビーの出荷センター、3階はタクテクス編集部。そして一望で代々木から新宿を見渡せる6階にホビージャパン編集部は移転した。

本来なら「HOW TO BUILD GUNDAM」は続けて3、4、5と作ることが出来たはずだった。次第に高次なテーマを設けてそれこそシェパード・ペインの域まで行ってみよう！という無謀なアプローチや、電飾で光らせるなどのギミック編などなど。しかしこの時点では誰もが「ガンダム」ブームは一過性のものと考えていた。「HOW TO BUILD GUNDAM 2」の巻末には私とストリームベースの面々との対談が載っている。10年後も「ガンダム」を作っているか、というテーマだった。あれからすでに37年が経っている。

突然ハワイへ

「HOW TO BUILD GUNDAM」は明らかな成功だった。別冊の仕事が終わってようやく通常のペースを取り戻そうとしていた時だ。佐藤社長がどこからか戻って来て、そして事務所のドアを開いた瞬間に、立ち止まるのも待たぬ勢いで、言い放った。

「ホビージャパンは全員ハワイに行きます！　チケットは押さえたのでパスポートの無い人は、急いで取ってきてください」

全員が机に向かっている、その頭越しに、誰に言うともなくだ。'82年の11月が終わろうとしていた。

12月は出版業界にとってまさに魔の時で、年末の休暇を踏まえ、すべての進行が半月以上前倒しになる「年末進行」と呼ばれる時期なのだ。正にそれが翌週から始まろうとしていたのだ。

確か松本が低い声で「社長、そりゃ無理ですよ」と返したと思う。

だが佐藤社長は聞く耳を持たない。「もう決まりましたから」と返すばかりだ。

全員が目を合わせたが言葉は発しなかった。

しかしこの突然の行動には、理由があったことを後年知った。ある朝、佐藤社長が取引先に電話を入れると、誰も出ない。なぜ誰も出ないのだと憤慨していると、ポストホビーのスタッフが告げた。

「先方はヒット商品が出て、今週、社員全員でハワイに行っていますよ」

間違いなくこの時、ひらめいたのだろう。恐らく声に出して、ウチも行きますから！と宣言もしたはずだ。

現在では理解しづらいかもしれないが、昭和において、特に企業が社員を連れてハワイへ行く、というのは、比類なき成功の象徴なのだ。たとえば、今井科学はヒットを飛ばすと、会社の池に一匹数十万円の鯉が泳ぎ、１００名近い社員を連れてハワイへ行った、というのは業界で半ば伝説となっていた。

しかしハワイへ行くのはいいとして、11月下旬はあり得ない。だが社長にとってそれは些末なことであって、とにかくホビージャパンは本が売れて、全員ハワイへ行った、という事実が欲しかったのだろう。私も大慌てでパスポート申請に出向き、その証明写真のために学生時代から伸ばしっぱなしだった髪を久しぶりに切った覚えがある。

社長本人と、筑城が留守番で残り、私と松本、市村とポストホビーのスタッフ数名が半ば強制的にハワイへ向かった。

恐らく佐藤社長は、ホビージャパンの編集デスクに座り、掛かってくる電話に応対し、掛けて来た取引先に、ホビージャパンのスタッフが不在である理由を説明したはずだ。

一週間の旅を終えて帰って来ると、青い顔をした印刷所の担当営業が、私のデスクに座って電話番をしていた。そして「24時間張り付きますからね」と憤慨するのも当然だ。

しかしそれでも何とかなるのが不思議だった。年末発売の1月号も、いつもどおりの25日に書店に並んだはずである。

社長の即断から生まれた新連載

横山宏氏は武蔵野美術大学を卒業後、フリーのイラストレーターとして活躍していた。ある時彼は、同窓生だった松本州平氏（註1）を通じて、ホビージャパン'82（昭和57）年5月号の「すばらしき駄物キット」の特集において、作例を依頼される。それはプラモデルを組み立てるのではなく、既存の玩具、フィギュアなど「玩具然としたアイテムを改造などして"リアル"に仕上げる」という特集だった。

彩度の高い色分けのプラモや玩具でも実用性を考慮してダークトーンやミリタリーカラーでリ・ペインティング（塗り直し）するだけで、劇的に"リアル感"が増す、という提案だ。一面安直にも思えるが、そもそもプラモデル自体の組み立てる楽しみ、とは、組み立てるだけに留まらず、実車や実機のように見せたい、あるいはより美しく作りたい、などというアプローチが作り手の裁量で自由にできるところにある。技術やセンスによって、ホンモノらしく見えたり見えなかったりもするということだ。

その意味では、この特集はプラモデルの楽しみ方の本質かもしれない。

横山宏氏は、ホビージャパンの歴史において間違いなくキーマンの一人だろう。武蔵野美術大学・日本画科に在学中、後にホビージャパン誌で活躍することとなる、同じ武蔵野美術大学の松本州平氏とは同学年で、住居が隣同士だった。そして二人ともプラモデル世代であ

註1
松本州平
'57（昭和32）年生まれ、絵本作家、プロモデラー。市村弘とは武蔵野美術大学、在学中からの旧知の仲で、ホビージャパン誌上での両者の会話の中から、後に彼がモットーとする「改造しちゃー、あかん！」という名フレーズが生まれた。

りホビージャパンの読者でもあった。また松本州平氏は市村弘とも知り合いであったため、創作キットのような作例を作れるモデラーはいないか、との市村からの相談を受けた松本氏は、迷わず横山氏を紹介し、これが始まりとなった。

横山氏は在学中『スター・ウォーズ』を見て、インスパイアされた一人だった。そこに登場する宇宙船たちが市販のプラモデルで構成されている事に衝撃を受け、自身でもプラモのパーツを使ったミキシングビルドによる宇宙船を製作した。

「飛んでいる宇宙船を見て、あっ、あのパーツだと。プラモデルのパーツはだいたい記憶していたので。なんでそんなことが判るんですか、と言われるんですが、逆になんで分らないんだよと。自分で作ったプラモデルのパーツは、ほとんど全部覚えていましたから」と語る。

横山氏の、プラモデルのパーツから宇宙船などを作るその異才は在学中から有名で、卒業後は『SFマガジン』（註1）や『流行通信』（註2）などでイラストレーターとして活躍しており、ホビージャパン編集部に足を運んだのは、卒業からちょうど一年目のことだった。

編集部から請け負った“お題”はミクロマン（註3）強化スーツなどを基にそれらを”リアル“に仕上げるというもので、他にも幾つかの作例が掲載され、この特集は話題を呼んだ。自分の持っている玩具が、ディテーリングや改造、リ・ペインティングしただけで別物になる、という可能性は読者にとって新鮮だったに違いない。

そして横山氏の作品を見た佐藤光市社長は、即座に連載を決定する。

「佐藤社長のそういう時の決断力は凄かった」と横山氏は回想する。しかし問題があった。連載となると毎月一つ作例を作らなくてはならない。プラモデルや玩具のパーツを使うからと言って、オリジナル・デザインの創作物を毎月作るには時間と手間とがかかる。フ

註1
「SFマガジン」
早川書房発行のSF専門誌。'59（昭和34）年に米国の『ファンタジイ・アンド・サイエンス・フィクション』誌と提携して創刊された。

註2
「流行通信」
'66（昭和41）年『森英恵流行通信』として創刊。'69（昭和44）年に誌名を『流行通信』変更。ファッション誌となるが、アート・カルチャー誌としての面を持ち今までに横尾忠則、浅葉克己、篠山紀信、荒木経惟などが関わっている。

註3
ミクロマン
株式会社タカラ（現：タカラトミー）が、米ハズブロ社の兵隊関節可動フィギュア、G・I・ジョーなどの男児向け玩具を参考に開発したタカラのオリジナル玩具。基本テレビ等のメディアに頼らない玩具発のコンテンツである。全高約10センチ程度の関節可動フィギュアを中心に、パワードスーツやビークル、ロボットなどが展開され、独特のSFテイストも相まって人気を呼んだ。

リーのイラストレーターの横山氏にとって、当時のホビージャパンの既定の原稿料ではとても成り立たなかったのだ。しかし担当となった市村が、そのあたりの実状を佐藤社長に相談すると、その際の決断もまた早かった。

市村も「考えたのは数秒だったと思いますよ。こちらの提案した額を呑んでもらいました。当時のボクの月給に匹敵する額だったんです」と語る。こうして毎月『SF3Dオリジナル』と題された新連載がスタートすることになり、それはやがてホビージャパン発のコンテンツとなっていく。

『SF3Dオリジナル』はそれまでにないコンテンツだった。プラ板の積層ブロック（註4）やポリパテ（註5）から削り出す、いわゆる『フルスクラッチ・ビルド（完全自作）』と決定的に違うのは、市販のプラモデルや玩具、あるいはそれらのパーツを素材として新しいキャラクターを作り出す、という点にあった。つまり読者も、同じプラモやパーツを揃えれば、誌面上の作例と同じものが作れるというワクワク感を刺激されるのだ。全くのゼロからの造形となると、なにをさておいても経験と技術とが必要だが、同じパーツを集めれば同じものが、或いは似たものが出来るかもしれない、という提案は非常に新鮮だった。現にこの連載以降、横山氏の作例を真似たメカや、あるいは作り方のノウハウを参考にした、自身のオリジナル作品の投稿が盛んとなったのだが、その中には目を見張る出来栄え作品もあった。

横山氏の作り出すそれらのメカたちは、突飛に見えるが同時に機能的で、ハードなミリタリー・ツールであると同時に、何処かひょうきんでキャラクター性に富んでおり、なにより も彼の独自の造形センスが実に魅力的だった。さらにAFVさながらの迷彩やウェザリング効果と相まって、唯一無二の世界を構築していった。

この新連載は、『ガンダム』でプラモに目覚めた新しい読者層にも、リアルなSFメカの

註4
プラ板の積層ブロック
フルスクラッチする際に使用する材料。複数のプラ製の板を貼り合わせ、接着してブロック状にしたもの。

註5
ポリパテ
ポリエステルパテの略称。本来は自動車のキズ、へこみなどを修正するために使われていたポリエステル樹脂製のパテ。クリーム状の主剤に硬化剤を混ぜることで硬化する。ヒケが少なく、硬化した後も盛ったままの状態を維持できるため、通常の模型用パテのように隙間を埋めるだけでなく、それ自体での造形が可能。

世界として受け止められ、またスケールモデルを作ってきた読者たちにも、その琴線に触れるディテールや塗装によって違和感なく受け入れられた。担当編集者の市村も、作品のバックボーンを支えるストーリーの執筆などを行い作品をサポートした。ホビージャパンが開拓した「プラモを知らない読者たち」に、訴求された次なるコンテンツとなり得たのだ。

創刊以来約10年、ミニカーやモデルガン、そしてスケールモデル中心にやって来たホビージャパンだったが、70年代末の『スター・ウォーズ』、80年代初頭の『ガンダム』そしてこの『ＳＦ３Ｄ』という、新たなコンテンツによって、誌面内容を大きく変貌させた。扱う対象はより広がりを見せ、映画、アニメ、ＳＦから次第に拡大し、ファンタジー、美少女フィギュア、さらにはガレージキットなどなど多岐にわたり、プラモデルの作り方を伝えるだけでない総合的ホビー誌を目指していくこととなる。

この時点で、すでに'19（令和元）年現在のホビージャパン誌面内容の基礎が築かれたと言ってもいいだろう。

一方私は'83（昭和58）年初頭においてすでに仲間たちと中野駅北口にデザイン事務所を設けていた。玩具やホビー商品からアニメの企画までを請け負う企画スタジオだ。従って年頭において雇用形態を契約とさせていただき、'83（昭和58）年からは巻頭のＳＦ関連のページだけを請け負い、常駐ではなくなっていた。スタッフが増えたことと、次のヒットは新しいスタッフたちが生み出すだろうと考えたからだ。いや、すでに早くも『ＳＦ３Ｄ』がその次なるヒットとなる予兆も見えてきていた。

それでも中野と代々木は電車で10分程度なので、時間があれば編集部にはちょくちょく顔をだしていた。一歩離れて見るホビージャパンは、部数も増え新しい事務所も得て、いろいろな意味で危なげが無く、安定して見えていたのだが、しかしそれは、後述する嵐の前の一時の安定でしかなかったのだ。

好調な『ＳＦ３Ｄ』に可能性を見出だした佐藤社長は、その後も連載に際して惜しみなく撮影設備などへの投資を行った。ビデオ視界を再現するための大きなモニター、スクリーンに背景を投射するプロジェクター。そしてこの連載の専属として、カメラマン、小野寺宏友氏も雇うこととなった。彼もやはり武蔵野美術大学出身だった。

ビームの合成はストロボにマスクをして閃光を表現し、爆破のエフェクトは火薬も使い、火薬の起爆とシャッターのシンクロ・システムも考案した。そして連載が蓄積した結果、'83（昭和58）年5月、ホビージャパン別冊「ＳＦ３Ｄオリジナル」として発行されることとなった。

別冊の担当は市村弘で、それらのデザインワーク一式は今井邦孝氏が担当した。彼も武蔵野美術大学出身のグラフィックデザイナーだったので、この本に関わったスタッフたちは皆、武蔵野美術大学出身者ということになる。

この時点で本誌の発行部数も6万部を超えていた。創刊以来超えられない壁の数倍となる勢いだ。

'84（昭和59）年となった時点でのホビージャパンスタッフは、営業担当の松本邦之、編集担当の市村弘、岡崎宣言彦ともう一人の計4名が居た。さらに外注スタッフとしてカメラマン、デザイナーという構成で、この他に別室にタクテクス誌の編集要員2名と、筑城がいた。

「ＳＦ３Ｄオリジナル」の別冊化に際しては、作品の著作権などの権利の所在を明文化した契約書が作られることとなった。しかしこれが後に尾を引く問題の始まりだった。横山氏はおおらかな性格であるが故、その契約書の内容にほぼ目を通さぬまま、サイン捺印してしまった。別冊に関しては、印税ではなく買い取り条件で収まったのだが、その後『ＳＦ３Ｄ』はさらなる拡張を始めることとなる。

横山氏の製作したパワードスーツ「スーパーＡＦＳ」を樹脂で複製し、10点を読者プレゼントとしたところ、それに対し数百通に及ぶ応募があり、そのあまりの反響に佐藤社長をはじめスタッフたちも驚くしかなかった。

そして人気が高まった『ＳＦ３Ｄ』には、遂にプラモデル化の話が立ち上がる。幾つかのメーカーが候補に挙がったが、最終的に「日東科学」が発売元と決まった。ニットーの愛称で知られる「日東科学教材」は'57（昭和32）年創業の老舗プラモデルメーカーだ。いろいろなプラモデルを作ってきたが、60年代の怪獣ブーム時には大映の「ガメラ」シリーズのプラモデルを生産し大ヒットとなり、また70年代には、当時人気が爆発した池沢さとしの「週刊少年ジャンプ」での連載漫画『サーキットの狼』のライセンスを取得し、月産２００万個でも足りないという盛況ぶりとなった。また確かな技術がゆえ、多くのＯＥＭ（註1）を行っており、タカラの『太陽の牙ダグラム』（註2）や学習研究社（学研）の『機甲創世記モスピーダ』（註3）もニットーが生産していた。

発売された『ＳＦ３Ｄ』キットのパッケージのデザイニングは、今井邦孝氏が担当。それまでにない斬新なデザインは商品としても個性が光るものとなって人気を呼んだ。そしてこれは初の「模型雑誌発のプラモデル・シリーズ」となったのだ。

連載もプラモデルの販売も好調に進んだ。しかし、プラモデルの売り上げに対し、支払い金額に納得が行かないと感じた横山氏は、佐藤社長との交渉に臨むことになる。その際、担当編集者の市村と一計を案じ、横山氏が不服を申し立て、市村が間に入って諌める。という段取りで臨んだのだが、激高した佐藤社長に対し、普段は温厚な市村も怒鳴り返し、交渉は決裂。どちらが先に決定的な言葉を叫んだかは定かではないが、「オマエは首だ！」「こっちから辞めてやる！」という怒号の応酬に至った。その結果、市村は解雇を言い渡され、デスク周りの私有物を段ボール一箱に押し込み、それを抱え、その日のうちにホビージャパン

註1
OEM
他社製品を受託製造すること。（original equipment manufacturer）の略称。プラモデルの場合、ブランド力のあるA社の製品を代理、外注としてB社が設計から生産までを行う場合が多い。米ブランドのレベル社の製品をマルサン／ラーベルブランドで国産化し販売していたマルサンは、同時にレベルからOEMを受け、米国市場で展開するプラモの開発生産もしていた。

註2
『太陽の牙ダグラム』
'83（昭和58）年放映のテレビアニメ。日本サンライズ（現・サンライズ）とタカラ（現・タ

を去ることとなった。

この市村解雇騒動の少し前に、すでに営業担当の松本邦之も佐藤社長と喧嘩の末退社していた。しかしその時点で松本にはすでに野望があった。私は覚えていないのだが、ホビージャパンのライターでもあった小泉聰の記憶では、松本退社の直後、私と小泉は松本に呼ばれて彼の構想を聞いたというのだ。

その構想とは、自分たちで「新しいホビー雑誌を作る」というものだった。彼にはすでに、4年に及ぶ模型業界周辺の広告主たちとの繋がりがあり、ホビージャパンの流通の仕組みなども熟知していたからだ。この時点ではまだその計画の実行性は未知数だったが、やがてそれは急速に現実味を帯びていくこととなる。

スター・ウォーズも別冊になった。

'84（昭和59）年8月号別冊として『スター・ウォーズ』の特集本「The Modeling of STARWARS」が出版された。いままでホビージャパン誌面で扱ってきたスター・ウォーズ・プラモデルの製作記事の再録に、新作を加えたAB判130ページ、価格980円で、内容は第一作から第三作までの、いわゆる"スター・ウォーズ旧三部作"を取り扱っている。スター・ウォーズ第三作『スター・ウォーズ／ジェダイの帰還』は、当時日本での公開時のタイトルは『ジェダイの復讐』で上映された。一つの大きな物語が終わる節目の大作であったため、たいへん話題となり日本では'83（昭和58）年7月のロードショー公開だったので、まだその興奮冷めやらぬ時期での別冊化ということになる。

当時は米国のMPC社がスター・ウォーズのプラモを一手に引き受けており、ホビージャパンとしては'78（昭和53）年の夏の特大号からそれらを採り上げているのですでに足掛け6

カラトミー）によって企画されたリアル・ロボットアニメ。『ガンダム』の成功を受け、よりミリタリックな作品を目指し、タカラとしては、初の本格的プラモシリーズ展開の第一弾となった。またプラモ以外に「デュアルモデル」など完成体のアイテムも販売。ロボットアニメとしては高橋良輔の初監督作品。さらにタカラはダグラムキット専用の配色として「ダグラムカラー」も発売した。

註3
『機甲創世記モスピーダ』
'84（昭和59）年放送のタツノコプロによるテレビアニメ。柿沼秀樹、荒牧伸志、窪田正義らが中野の事務所時代に立案した「ノルマンディ上陸作戦のSF版」が源流。今井科学がプラモデル、学習研究社がプラモデルと玩具を展開。海外ではハーモニーゴールド USA が『超時空要塞マクロス』と共に1つの大河シリーズ『ロボテック』として展開し、海外では現在もファンが多い。

年にわたって、同社のキットを作り続けてきたことになる。

本の趣旨としてはプラモデルを劇中のイメージに近付けてリアルに作る、というもので、スター・ウォーズ・モデラーとして活躍していた佐藤直樹氏を始め多くのモデラーが参加している。編集を担当した岡崎宣彦も、ペンネームの大里元として参加。メカだけではなくフィギュアにも力を入れ、巻頭ではディオラマ仕立てで、各作品のハイライトシーンの再現に挑んでいる。

ホビージャパン誌上でも話題を呼んだ佐藤直樹氏の80センチのフルスクラッチの「インペリアルスターデストロイヤー」を始め、大里元のY-ウィング・ファイターや、AT-ST、セールバージなど非常に複雑なメカのフルスクラッチにも挑んでおり、見ごたえがあった。すでにこの当時には以前よりも多くの資料が出回っていたとはいえ、撮影用モデルのディテールを追うのは一苦労で、また、MPC社のプラモデルも、基本はディスプレイ・キットで、オリジナルに近い造形となっているものの、それらは量産と効率とを優先したキットたちで、手の加えがいがあるものばかりだった。

ある意味作例としてはうってつけで、しかしホビージャパン・ライターたちの作例を見て、そういうものだと思ってキットを買うと、随分とあっさりとしていて驚いてしまった読者もいたはずだ。しかし『スター・ウォーズ』対応モデラーも揃いはじめ、以前のSF系ライターを探していた頃からすると理想的環境に近づいていたのだが、この後、これらのライター達もホビージャパンを去ってしまうこととなってしまうのだ。

この「The Modeling of STARWARS」がホビージャパンにおける岡崎宣彦の最後の仕事となった。この書籍の編集中に、すでに退社していた松本から、新しく企画する本を手伝ってくれ、との打診を受けていたのだ。松本に付いて行った理由について、岡崎は単純に「松本さんが好きだったから」としている。

こうして岡崎と共にもう一名も退社すると、編集部には当時の編集長を残すのみとなり、この時3階勤務となっていた筑城が、6階のホビージャパン編集部へやって来ると、「誰もいなくなっていた」ことを覚えているという。'84（昭和59）年の夏のことであった。

それはホビージャパン設立以来、何度目かの一斉退社であったがしかし、今回のそれが、以前までのそれとは決定的に違う点があった。それは退社して行った松本以下、市村、岡崎たちは編集者として経験を積んでおり、松本の計画通り、版元（出版社）さえ探し当てれば、新たな模型専門誌を作れる能力を持っていたということだ。そして幾つかの出版社を回ったところ、彼らの企画を受け入れる版元、「大日本絵画」が現れる。出版社が付いたことで、構想していた新模型雑誌は、突然、現実味を帯びた。

そうなれば後は、ライターの確保だけが残された課題となる。しかし一から探すのではどれほど時間が掛かるか分からない。そこで彼らは躊躇なくホビージャパン・ライターの引き抜きに掛かったのだ。

突然のライバル誌の登場

前述したとおり、私は'83（昭和58）年初頭には、仲間たちと中野に事務所を構えていた。アニメ・玩具の企画デザインを行う事務所で、景気も良かったこともあり、仕事は順調に入ってきた。若かったので好きなことをやりたかったのだと思う。実働3人のスタッフが常駐するスタジオだったが、それぞれ個人での仕事も抱えていたので、事務所で五時打ち合わせ、と決めて赴くと誰もいない。仕方ないので中野駅前のゲームセンターで時間を潰そうと出向くと、そこに全員いた、などと言う具合だった。

それでも筆頭の者が仕事を取って来て、私と荒牧伸志（現・アニメ監督）とでスケッチやデザイン画を描く、と言う業態でのスタートだった。某社の変形玩具やゲームのメカやキャラクターを外注として請け負い、また完成したアニメのプロモートもなども手伝っていた。

景気は'86（昭和61）年から始まろうとしているバブルに向けて右肩上がりであったため、事務所を開設すれば仕事が取れたし、企画した作品に関してはさして間を置かずにテレビ化も決定した。冷静に考えれば恐ろしいことで、我々の企画はやがて『機甲創世記モスピーダ』となって、その年の10月からフジテレビ系列でのオンエアが決まってしまったのだ。僅か半年の間に、私と荒牧伸志とで手分けして、テレビ作品のための25話分の膨大な量のメカ設定や美術設定に加え、スポンサーとなった今井科学と学研ホビー事業部から発売される予定のプラモデル群、玩具群の変形用図面に至るまでこなさなくてはならなくなり、"夜を日に継いで"とはこの事かと思い知った。

続く'85（昭和60）年冒頭にはビクター音楽産業からOVA『メガゾーン23』の発売も決まり、事務所が吉祥寺に移ってからも、2日間仕事をして1日家に帰るという有様で、'84（昭和59）年内の創刊を目指すという松本、市村らの新雑誌のスタッフを兼務することはまず不可能だった。

'84（昭和59）年夏、私がホビージャパンとの契約が終了し、翌年春完成予定のOVA『メガゾーン23』のためのメカデザインや美術設定などに追われている頃、吉祥寺の事務所に松本邦之から電話が入った。

「市村も岡崎もホビージャパンを辞めて来た。出版元も決まったので、新雑誌を始めるからスタッフとして来てくれ」という趣旨だった。前述したように景況感が良く、出した企画はことごとく決まってしまうのだ。彼らの新雑誌刊行が決まったのもそんな時勢と無関係ではない。しかしその電話から数時間を置かず、今度は佐藤社長からの電話が鳴った。

「柿沼君との契約が終了したばかりだが、改めて新しい契約を結ぶので一両日中に編集部に顔を出してくれ。ギャランティは従来の2倍出す」と唐突に言うのである。

しかしその後、ホビージャパン・ライター十数名からの電話が相次ぎ、「ホビージャパンと新雑誌の双方から誘われている。どうしたらいいのか？」という相談である。そんな電話が引っ切り無しに掛かって来るに至って、ようやく事態が飲み込めた。松本側がホビージャパンのライターの総引き抜きに掛かったのだ。

自分の身の振り方には責任を持てるが、他人事までは責任が持てない。安直なアドバイスはできないので、誰かに相談しようと思案した結果、私より年配の関係者として小林源文氏が思い当たった。急いで電話をして尋ねると、やはり双方から声が掛かっていた。小林さんはどうするんですか？と尋ねると「オレは両方でやるよ」との予測できない答えが返ってきた。

少なくとも'84（昭和59）年のホビージャパン編集部においては、特例を除くとホビージャパンのライターは皆、編集者と関りが深かった。ストリームベースの面々を始め、その他のライター達の多くが学生で、年齢は編集スタッフであった市村、岡崎に近く、その中には彼らが呼んできたライターもいた。この時点で佐藤社長は経営者であり、誌面内容からライターの選定は、すべて編集スタッフに任せていたのだ。

結果はほぼすべてのライターが新雑誌の元へと去ってしまい、ホビージャパンは創刊以来の危機に瀕することとなった。

当然、座してはいられなくなった佐藤社長は、ライター名簿を片手に、ライター及び外注関係者ら全員に、自ら電話攻勢を掛けることとなった。

しかし私の場合、前述のように、自身の仕事が佳境であり、アニメ作品のカウントダウンの中、それらに忙殺されていたため、どちらかのスタッフとして本作りに協力することはほぼ不可能だったのだ。

当時の事務所はCMだろうとゲームだろうと、とにかくこなせる仕事は何でも請け負っていたのだが、アニメの場合、どういう訳か製作現場は最初から〝ダメージコントロール〟の世界で、時間も人員も明らかに不足のまま事が進んで行く。そのため締め切りが迫るとどうにも身動きが出来なくなるのだ。

そんな中、ホビージャパンと新雑誌のどちらか一方に組みするか、と問われたら非常に辛い立場だったのだが、結局、スタッフとしては参加できなかったが、しかしライターとして、『モデルグラフィックス』創刊号からイラストエッセイの連載を開始することとなった。

真夏の暑い最中、松本、市村らは神楽坂に適した拠点を探し回り、マンションの一室を抑え、設備としては電話一本からのスタートだった。そして松本が社長となって株式会社アートボックスを設立。市村が編集長となって'84（昭和59）年11月、目指した新雑誌『モデルグラフィックス』は創刊に辿り着いた。

この創刊号には、我々だけではなく往年のホビージャパン・ライターである大塚康生氏も参加しており、従って知る者が見ればかつてのホビージャパンのスタッフ、ライター陣が再集結した新雑誌ということとなったのだ。

市村の記憶によると、創刊号は当時のホビージャパンの発行部数と全く同じ8万部をぶつけたというから、その対抗意識は並々ならぬものであったのだ。

しかしこの全員退社劇の中、ライターで唯一人、ホビージャパンに残った者がいた。当時はMAXと呼ばせてもらっていたMAX渡辺こと渡辺誠氏（現・株式会社マックスファクトリー代表取締役社長）だ。

改めて彼に話を聞いた。

ホビージャパンに初めてやって来た際のことから尋ねると、最初に応対したのは私だったという。

「きっとコイツは使える、と思ってもらったのだと思いますよ。作例の書き方の見本として、バックナンバーを沢山頂き、当時学生だったので嬉しかったのを覚えています」と語る。そして一人だけホビージャパンに残った理由を尋ねと。

「正直に言うと…当時ホビージャパンでもガンダムを扱うのはストリームベースさんと決まっていて、ボクが頑張っても、№２か№３なんですよ。良い作例はなかなか回ってこない。しかし、全員辞めてしまうのなら、ここで残れば№１になれる、と踏んだんです」と正直に話してくれた。

私の記憶だと大学生だった彼は、いつでも全身、黒いライダースーツと黒いメット姿だったので、マックスと呼ばれていたと記憶している。映画『ＭＡＤ ＭＡＸ』のメル・ギブソンに憧れた若者は、ライターの中にも数人いた。しかし季節が暖かくなっても、それを貫くものは彼くらいだったから覚えているのだが、しかし彼に言わせると、『ＭＡＤ ＭＡＸ』のマックスと『超時空要塞マクロス』のマクシミリアン・ジーナスから採ったペンネームだという。奇しくも彼が「ＭＡＸ渡辺」というペンネームで初めて挑んだ作例は『機甲創世記モスピーダ』の作例だった。

●第11章誰もいなくなった編集部で

大学を留年し'81（昭和56）年に卒業した佐藤忠博（元・株式会社アークライト・事業部長）はアルバイトをしていたが、ホビージャパンの求人広告を見て応募した。しかし、高校、大学ではプラモから離れていたため、さほどプラモデルに詳しいという訳ではなかったという。

「私の場合は、入社時に試験がありました。そのプラモデルの知識に関する質問の中に、Ｈｅｌｌｅｒ（フランスのプラモメーカー／エレール）と言うメーカー名があったんですが、これが読めなくて。これは落ちたなと思いましたね。佐藤社長が面接官でしたが、編集の経験は無いんですが、物販の経験があり包装とかは出来ますと言ったところ、ポストホビーの津田沼店に配属ということになったんです。当時私が船橋に住んでいたということもあって。採用は'81（昭和56）年の11月だと記憶しています」と語る。

その後、彼はポストホビーの千葉店へ転勤となるが、ちょうどその頃、ホビージャパン編集部で、スタッフの一斉退社が起こった。そして'84（昭和59）年の8月1日、彼は突然、編集部への転勤を言い渡される。

「編集実務はまったく未経験でしたから、なにも分からなかったので、見よう見まねですね。我流で、とにかく無我夢中でした。当たり前ですが、締め切りと言う明確な線引きがありますから。もう本を間に合わせるのだけで精いっぱいです。ＭＡＸ渡辺さんが残ってくれたのが、随分助けになりましたよ」と、全員退社後のギリギリの状況を語る。従って当時の部数などはあまり記憶には無い。

しかし『月刊モデルグラフィックス』で『ガンダム・センチネル』の連載が始まった時に

は危機感を覚えた。

「オリジナルでとんでもないのが始まったと、しかしそれでもこちらはまだ本を間に合うように作るだけで精いっぱいでした」と当時の苦境が伝わって来る。

対抗手段どころではなく、締め切りともなると寝袋を用意して、近くの銭湯へ行って、寝泊まりながらの作業が続いたという。効率が良くないとは分かっていたが、ほかに手段が無かったのだ。

しかし、ひたすら凌いでいるあいだに、モデラーも少しずつ増え始め、同時にスタッフも揃ってきた。

表紙で顧みると'84（昭和59）年9月号が、全員退社後の初めての発売号となった「エルガイム」（註1）のショットだ。しかし傍から見ると遜色はなく、この年は年間を通してガンダムは表紙から消え、ゴジラ、ダンバイン、恐竜、メッサーシュミット、エルガイム、007と、むしろバラエティに富み始めている。

松本州平氏のドライブラシ講座は8月号から。そして10月号ではMAX渡辺氏による肝いりのフルスクラッチ作品、完全変形「1／100エルガイムMk-II」が掲載され、その完成度から大きな反響を呼んだ。

佐藤忠博は'87（昭和62）年に編集長に就任。後に退職し「電撃ホビーマガジン」（註2）編集長を歴任することとなる。

彼らの努力で最大の危機は乗り越えられたのだ。

紆余曲折をもって、創刊以来、幾たびかの危機を乗り越えて来たが、ホビージャパンの歴史の中でも触れておくべきなのが、横山宏氏とホビージャパンとの『SF3Dオリジナル』の著作権に関わる裁判だろう。

話は'97（平成8）年に飛ぶ。

註1
「エルガイム」
'84（昭和59）年〜'85（昭和60）年まで、テレビ朝日系列にて放映された日本サンライズのロボットアニメ『重戦機エルガイム』の主役メカ。バンダイのスポンサードしたリアル・ロボット路線の一つで、キットはバンダイから多種発売された。メカ、キャラ共にデザインを永野護が手掛けたことでも話題を呼んだ。

註2
「電撃ホビーマガジン」
『B-CLUB』の後継として『電撃B-Magazine』があり、さらにそれから模型記事を継承する形で'98（平成9）年に旧メディアワークスから創刊された模型雑誌。スタッフの多くがホビージャパンからの移籍組で、バンダイと提携した立体物の付録を多発したのが特徴であった。

『ＳＦ３Ｄ』のプラモデルを多数発売したプラモメーカー、日東科学はそれらのキットの再販をホビージャパン、佐藤社長に打診する。メーカーとしては、人気を呼んだキットたちは、何かの折に触れ「再販」しないと、金型を死蔵することとなってしまうからだ。たとえ自前の倉庫でも、大きくて重い金型は保管しているだけでも維持費が掛かる。かつて大ヒットしたサンダーバードの金型数十セットを保持していた今井科学は、その維持費だけで年間２０００万円を費やしたというから、その負担が窺い知れる。

しかしこの日東科学の申し出に対し佐藤社長はこれを却下する。佐藤社長にとって悶着を起こしたそれらのプラモデルには、もう触れたくなかったのだ。しかしメーカーとしては生産しないことには、大量の金型は負の遺産でしかない。業を煮やした日東は横山氏にホビージャパンに対して告訴を依頼する。横山氏は、日東の立場を代弁する形となったが、この時、初めて『ＳＦ３Ｄ』の著作権はどちらに在るかが争われることとなった。

当然デザイン画を起こし、造形を行った横山氏は自身の著作物として主張するが、対してホビージャパン側はそれを否定。東京地裁の大法廷において、原告横山氏、被告ホビージャパンで争われることとなった。

しかしこの時、'83（昭和58）年5月の別冊発行時に、両者間にて交わした契約書が思わぬ結果を呼ぶ。契約書に「著作権は永久にホビージャパンに帰属する」旨の一文があり、これは封建的に過ぎ、現実的でないという結論に達し、契約自体がそもそも不成立と判断されたのだ。横山氏が目を通さず捺印したことが横山氏にとって幸いとなったのだ。かくして著作権は１００万円の支払いによってすべて完全に横山氏に帰属すると結審する。

「著作権に関わる複雑な裁判になるだろう、として東京地裁の一番大きな部屋が用意され、裁判官は3人もいたんです。が、ある意味珍しい裁判でしたよ。どのように創作したのか、という細かい所に陳述が及んだ時、ＰＫＡの手に持っているのはパンツァーファウストで…パンツァーファウストというのはですね、と、大法廷で説明したわけですから」と、すでに過去の事案として横山氏は笑いながら語る。

それから時が流れ、ホビージャパンのスタッフも顔ぶれが変わった。若いスタッフたちが再び横山氏の連載が欲しいと言い出した時、横山氏はMAX渡辺の名を挙げた。

「彼に託したら間違いないだろうと思いまして、彼にお願いしたんです」とは横山氏だ。

こうして'19年現在も、ホビージャパンでは『SF3D』が連載されている。

ホビージャパンを訪れ、そこに横山、渡辺両氏の姿があると、まるで時間が止まったように感じるが、私が在籍していた時から数えると、すでに36年の歳月が流れている。

山田卓司氏、横山宏氏、渡辺誠氏、そして私が今ではホビージャパンで最古参のライターとなってしまった。

●第11章最後に

ホビージャパン'79（昭和54）年8月号に小泉聰の名前を見ることが出来る。

当時高校2年生の彼はAFVモデラーであり、この号では「1／35タイガーⅡ」を製作している。その後、彼は玩具メーカー・タカラ（現・株式会社タカラトミー）の社員となり、「ミクロマン」「コンバットジョー」（註1）などを担当していたが、'83年、タカラの外注としてロボット玩具のスケッチ等を担当していた私たちの中野にある事務所に顔を出すようになる。

当時私はまだホビージャパンの巻頭ページを契約で継続しながら、玩具やアニメの企画を行い、荒牧伸志は依頼された玩具やアニメ企画のスケッチを描いていたが——その様子が、もしかしたら楽しく見えたのかもしれない。彼はいつしか一日の大半を中野の事務所で過ごすようになり、やがて我々の企画がテレビアニメ化となることが決まり、事務所が吉祥寺に移った時点でタカラを退社、以降スタッフの一員となり、編集やアニメのプロデュースを手伝い始めた。

彼は小学生の時にホビージャパン誌上で大塚康生氏の連載を読み、以後大塚氏の軍用車趣味とアニメの作画に心酔。'84（昭和59）年11月の『月刊モデルグラフィックス』創刊時、たまたま当時の彼の住居が、宮崎駿氏の事務所の目と鼻の先であったことから、同誌で連載が開始された「宮崎駿の雑想ノート」の第二回連載より、宮崎番となった。

この連載自体、大塚康生氏が持ち掛けたものである。私の勧めで、彼はさらに『モデルグラフィックス』誌上での大塚氏の連載も担当することになった。

また'88（昭和63）年、私が吉祥寺に新たに会社を立ち上げてからはその一員となり、アニ

註1
「コンバットジョー」
'64（昭和39）年、世界的に大ヒットした米ハズブロ社のG・I・ジョーを'84（昭和59）年にタカラが展開したシリーズ。この間の'70（昭和45）年にタカラはハズブロと提携し、国内向けにリニューアルした「ニューG・I・ジョー」を展開していたが、'71（昭和46）年なると時流に乗って特撮ヒーローの衣装を装着できる「正義の味方シリーズ」を展開。続く'72（昭和47）年には更にSF色を強め身体をクリアー成型とした「変身サイボーグ」という新シリーズを展開し成功する。しかしこれらの流れに対し自ら原点回帰として元祖ハズブロのそれよりも精度が高い本格ミリタリー志向の「コンバットジョー」を展開した。

メのプロデュースなどを行い、'95（平成6）年11月5日よりニッポン放送で始まったラジオドラマ『宮崎駿の雑想ノート』では脚本も担当した。ちなみに彼は現在「吉祥寺怪人《きっしょうじかいと》」名義で活動中だが、これは当時、黒いマントと黒い帽子姿という彼の奇妙な風貌を見た宮崎氏が「吉祥寺の怪人」とあだ名したことが由来となっている。

その後'94（平成5）年8月発売のホビージャパン別冊、大塚康生氏の「ジープ 太平洋の旅」（ホビージャパン別冊）は我々の会社が編集を請け負い、彼が担当した。念願だった大塚氏のジープ書籍に携わることとなったのだ。このため、かつて80年代、私がホビージャパン編集部在籍時と同じように、大塚氏は資料写真が入手できるとそれらを届けるために、度々吉祥寺の我々の事務所に来られるようになった。

小泉は、もともと大塚・宮崎フリークで、事務所が景気の良い時にボーナスを出すと彼は「メッサーシュミット」を買ってきた。戦闘機メーカーだったドイツのメッサーシュミット社が、'53年に生産したタンデム二人乗りの特異な小型自動車だ。これは大塚氏が作画監督を務めた『ルパン三世』（第1シリーズ）第二話に登場するキャラクターが、劇中で乗り回しているのを見て、子供心に「いつか買おう！」と決めていたためだという。

彼は『ホビージャパン』、『モデルグラフィックス』双方にしがらみがないため、我々の事務所で展開したアニメやコンテンツを『ホビージャパン』『モデルグラフィックス』『B-CLUB』など多方面のホビー誌で展開する際に活躍してもらった。

その後、私は『ホビージャパン』とは疎遠になっていたが、'09（平成21）年、私の仕事の大半がゲームやアニメの演出、絵コンテの制作となっており、生活に「模型要素が足りない」と感じたため、『ホビージャパン』在籍時に出来なかった「古いプラモをイラストエッセイで紹介」する連載『20世紀「模型」少年雑記録』を始めさせて戴いた。これは'19年（平成31）3月に一冊の単行本としてまとめることができた。その冒頭でも書いたのだが、編集部在籍中は忙しすぎて実はやりたい連載や企画はほとんどできなかったのが実状だった。
『20世紀「模型」少年雑記録』は、1ページを使い3000文字ほどのテキストを書き、それに対応して、もう1ページイラストを描く、という構成で、どんなに急いでも丸2日を要するので、10分が惜しかった当時は実現できなかった。そんな企画の、30年越しの実現だった。

久々、訪れたホビージャパン本社は誠に立派で、そういう意味では創刊当時の面影はすでに微塵も無い。佐藤社長は'16年(平成28)年2月28日に他界されたため、今となっては、見知った顔は筑城のみとなってしまった。そして本書の中に登場するスタッフ、関係者の中にも、他界された方々が多いことに驚いた。

また本書冒頭で当時「ホビージャパンはポストホビーに食べさせて貰っていた」ということを書いたが、'08(平成20)年8月、株式会社ホビージャパンが株式会社ポストホビーを飲み込む形で合併しているのだ。時代の変遷に無理やり関係付けるつもりはないが、モノを売ることと情報を売ることを両輪としてきた両社がこのような形となったのは、やはり時流のありようとは無縁ではないだろう。時事、仕事においても趣味においても、私自身、模型・ホビー関連のアイテムの入手には、ネット通販を活用しているのが現状であるからである。

佐藤社長のモットーはすでに書いたと思うが、海外の進んだホビーアイテムを他に先んじて導入することを常としてきた結果、('04年まで)マジック:ザ・ギャザリングの代理店となり、それによってホビージャパングループが挙げた売上高は100億円を超えたそうであるから、かつて数千部の発行部数の増減に一喜一憂していた時代は、はるか過去の創世期のエピソードとなってしまった。

最後に、一時期は佐藤社長と対立した横山宏氏の言葉を借りよう。

「確かに佐藤社長とはいろいろあったけれど、あの着眼点の鋭さと、そして決断の速さは凄いものがあった。一度だけ載った『ＳＦ３Ｄ　オリジナル』の記事を見て即座に連載を決定した時も然り、そして連載に際して当時の他のライターのほぼ10倍の原稿料を決済してくれたときも然り、その決断が無ければ『ＳＦ３Ｄ』も『マシーネンクリーガー』も今に続いていなかった。佐藤社長がＳＦや『ガンダム』に舵を切り、『ＳＦ３Ｄ』の連載を決めていなかったなら、今のホビー市場自体、随分と違うものになっていたかも知れない」

私情を隠さず喧嘩っ早く、従って敵も作るが行動の速さは社員たちが付いて行けないほどだった。私の主観で言わせて頂ければ「たとえ転んでも、起き上がる前に進む」ような、そんな経営者だった。

アサヒ玩具に就職したのはたまたまだったかも知れないが、ミニカーやプラモデル、シミュレーションゲームに類するホビーが、やはり本質的には好きだったのだと思う。

本稿を閉じる段になって思い出したことがある。誰に言うともなく「仕事は無限ですからね！」というモットーを、よく口にされていた。もし私しか覚えていないのなら、ここで書いておこうと思ったのだ。自分で会社を立ち上げた時、この何気ない一言がなぜか思い出されたからだ。

ホビージャパン創設50年の今年、ホビージャパンの電子化とネット配信が始まると聞く。これも時代に迫られての変革だろう。

些末的な事も多く書いてしまったが、やがてホビージャパンが百周年の節目を迎えた時、今度は別の誰かが回顧録を書く時の参考なればと思いつつ、終わることとしよう。

あとがき

日々に追われていると、三十数年前の職場の環境を思い出すことはまずない。当時のスタッフや仲間と会う機会があれば、あんな面白いことがあったとか、こんなひどいことがあったとか、雑談を交わすことはあるが、その記憶も正確さとなると保証がない。いまさらながら日記でもつけておけばよかったとつくづく思う。'80年の夏が過ぎた頃、スタッフがいなくなり、従って入稿はいつもぎりぎり。神楽坂の印刷所まで出張校正に出掛けると、帰宅は早朝となった。街にはリリースされたばかりの八神純子の「パープルタウン」が流れていて、その歌詞どおりの「紫にけむる夜明け」を見ながら、もうすでに次の号の内容を考えている、という余裕の無さだった。そんな日々を、まさかこうして冷静に振り返る時が来るとは思ってもみなかった。自分でも覚えていない、そんな古い記憶を辿っていろいろと当時のことを取材させていただいた方々には感謝しかない。

中田ルオ氏、小林源文氏、横山宏氏、渡辺誠氏、奥村正己氏、市村弘氏、岡崎宣彦（大里元）氏、平野修氏、藤井孝夫氏、山田卓司氏、川口克己氏、佐藤忠博氏、佐藤直樹氏、山田輝穂氏、岩瀬昭人氏、栗原孝明氏、小泉聰氏にご協力いただいた。

また、本文中で触れた方の中には、佐藤創業社長以下、すでに他界された方々も居られる。あえて当時の呼称で、五十嵐平達先生、松本邦之さん、十川俊一郎さん、今井邦孝君、バンダイの加藤智さん、そして小橋法彦だ。松本さんとは多くの仕事をさせていただいた。十川俊一郎さんとは、プラモ見本市にご一緒したことがあった。時間ピッタリに来られたので、「時間に正確ですね」と言うと、以前勤めていた会社で5分遅れたために大きな取引を失った経験から、待ち合わせには正確に着くようにしている、と言われていたのを思い出す。同年代の今井邦孝君が最初に借りた洒落た事務所を見て、自分もセメント打ちっぱなしの事務所を借りた。バンダイの加藤智さんとは共著として『バンダイ・キャラクタープラモ年代記』（学研／刊）を書いたのが昨日のことのようだ。そして小橋法彦には、いろいろと間に合わなくなった仕事を振ってしまい、よく深夜、彼の自宅に回収に行った。

存命であったなら、間違いなく取材させていただいた方々で、彼らの記憶、意見を本書に反映させることが出来なかったのが残念でならない。

当時のホビージャパンには、器用すぎる、そして才能のある連中が集まっていた。編集長はパースの付いた戦車の写真から図面を起こし1／35でスクラッチしてしまう。ソ連軍の「シルカ対空自走砲」を自作し、図面と共に掲載したところ、ソ連大使館を名乗る女性から電話が入った。「掲載された図面はどこから入手されましたか？」と尋ねられたので、いや、入手じゃなくて描いたんです、と答えると受話器の向こうで少しだけ戸惑っていた。ライターに『エイリアン』の「スペースジョッキー」や、スケッチしかない『スター・ウォーズ』の「AT-ST」を作れる？ と依頼すると作ってくる。とにかく器用な連中ばかりだったのだ。

しかし編集部は万年人手不足で、企画、モデリング、原稿描き、図面の清書、写真撮影、レイアウト、取材と、すべてこなさなくてはならず、だがその体験は無駄ではなかった。あと一時間のうちに820字分の原稿を、起承転結を付けて書かなくてはならない。ということが日々繰り返され、それは訓練のようで、おかげで文章を書くことに抵抗が無くなった。

恐らく覚えていることよりも忘れてしまったことの方が多く、不正確な部分も多々あるはずだが、一応ホビージャパン創成期の大枠は伝わったのではないかと思う。それは喧騒以外のなにものでもなかったが、活力のある喧騒であり、錯覚だとは思うが……振り返ると輝いて見える。

二〇一九年九月　柿沼秀樹

HOW TO BUILD ホビージャパン
ガンプラブームを担った雑誌ができるまで

著者　柿沼秀樹
デザイン　大橋太郎
カバーデザイン　広井一夫(WIDE)
写真提供　佐藤修子
撮影　井上写真スタジオ
取材協力　市村弘
岩瀬昭人
岡崎宣彦
奥村正己
川口克己
栗原孝明
小泉聰
小林源文
佐藤修子
佐藤忠博
佐藤直樹
筑木理江子
中田ルオ
平野修
藤井孝夫
山田卓司
山田輝穂
横山宏
渡辺誠
(五十音順・敬称略)
編集　舟戸康哲
伊藤大介

HOW TO BUILD HOBBYJAPAN

Writen by Hideki KAKINUMA
Edited by Manabu KIMURA
Published by Daisuke MATSUSHITA
Editer & Publisher/HOBBY JAPAN Co.,Ltd.
Yoyogi 2-15-8,Shibuya-ku,Tokyo 151-0053 Japan

HOW TO BUILD ホビージャパン
ガンプラブームを担った雑誌ができるまで
2019年10月31日初版発行

発行所　株式会社ホビージャパン
〒151-0053 東京都渋谷区代々木2-15-8
TEL 03-5302-7601(編集)
TEL 03-5304-9112(営業)
編集人　木村学
発行人　松下大介
印刷所　大日本印刷株式会社

Printed in Japan
ISBN978-4-7986-2012-1　C0076